AF474297

RÉPUBLIQUE

ET

MONARCHIE,

OU

PRINCIPES D'ORDRE SOCIAL.

Paris. Imprimerie de AUGUSTE MIE, rue Joquelet, n. 9,
Place de la Bourse.

RÉPUBLIQUE

ET

MONARCHIE,

OU

PRINCIPES D'ORDRE SOCIAL.

Par Francisque Bouvet.

> Qui osera me reprocher de préférer l'intérêt de tous à celui d'un seul, et la vérité à toute autre chose? La vraie politique c'est la justice, et la justice prescrit l'égalité des droits. (Chapitre 7, page 128.)

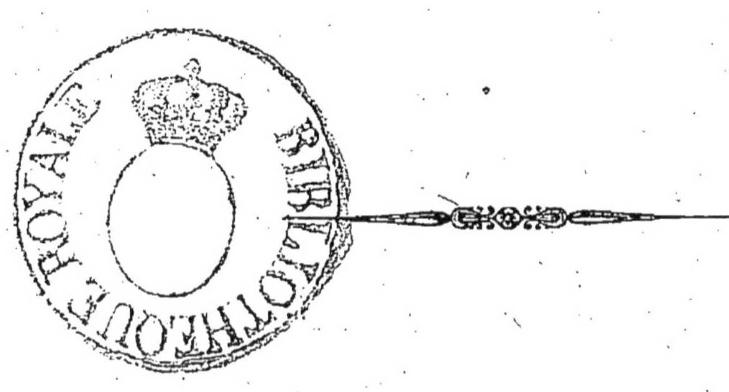

PARIS,

IMPRIMERIE DE AUGUSTE MIE,

RUE JOQUELET, N. 9, PLACE DE LA BOURSE.

1832.

PRÉFACE.

Notre époque est étonnante, mais toute indéfinie. Son caractère est un malaise général, un tourment profond dans le sein des sociétés; c'est une fermentation générale qui tend sans doute à éliminer des élémens inorganiques, et à épurer les institutions. Nous voyons d'un côté la philosophie libérale, presque universellement répandue, appeler les peuples à l'indépendance légale, et de l'autre les puissances héréditaires ne vouloir rien céder de leurs priviléges, et tendant au contraire à les perpétuer.

Il est certain que ces deux systèmes ne peuvent plus rester en présence; il faut, pour donner la paix au monde, que l'un s'établisse incessamment sur les ruines de l'autre. La tranquillité publique exige impérieusement une puissance à caractère, je dirais presque un despotisme réel ; car la mollesse dans un gouvernement et les demi-mesures engendrent l'inquiétude et font tout dégénérer. Mais il reste à décider si la force administrative doit être légale ou arbitraire, le résumé de la raison du grand nombre, ou la dictée de quelques hommes privilégiés. Il importe aussi de savoir si les peuples sont destinés à accroître leurs capacités ou à les restreindre pour jouir d'un sort positif.

J'ai considéré le spectacle du monde politique sous ces points de vue fondamentaux, et après m'être convaincu qu'il ne peut exister de paix durable dans une nation que lorsqu'elle est vaincue et étroitement tenue dans les entraves de la servitude, ou bien lorsque nulle puissance individuelle ne contrarie la liberté générale, j'ai cherché dans l'expérience des temps passés lequel de ces deux moyens de domination a été le plus favorable aux vertus civiles et à l'universelle prospérité, car j'avais adopté pour base de mon travail que *les institutions sont responsables du sort des peuples et en doivent rendre compte à la postérité.*

Si le gouvernement qui s'est mis à notre tête après la révolution de juillet eût voulu marcher dans les voies de la nation, au lieu de s'en faire le premier ennemi, en achetant par la honte l'alliance des potentats, cet écrit, qui remet en question les principes fondamentaux de l'ordre social, ne serait pas sorti si tôt de ma plume. En voyant sur le trône un roi vraiment humain et généreux, nous eussions suspendu la sentence qui pèse sur les monarques en général et sur leur domination. Louis-Philippe était dans une situation si prospère, que jamais il ne fut donné à l'homme une si belle destinée. Les trésors d'une civilisation de trente ans, la gloire immortelle de Napoléon et de nos armées, les fruits immenses de notre première révolution, voilà ce qu'il avait entre les mains; il n'avait qu'à sourire à la fortune, il n'avait qu'à la vouloir. Nous lui offrions tout, pourvu qu'il nous laissât participer à cet héritage qui est le nôtre. Il n'a pas voulu; né d'une race qui se réprouve elle-même, il n'a pu démentir son origine. Son ambition a été lui-même et rien que lui. Funeste égoïsme, qui nous arrachant l'espérance d'un bel avenir, ne nous laisse plus voir notre sort que dans le projet de le séparer du sien!

Au moment de voir s'écrouler l'édifice politique sous la main puissante des peuples abusés, j'ai voulu faire ma part des moyens d'une réforme. C'est toujours ce qui manque après les révolutions et faute de quoi l'intrigue reprend ordinairement son cours. Ces moyens je les ai réduits à des principes positifs, à des maximes fondées sur l'expérience des temps passés.

Etonné que l'on fît si mal dans un siècle où l'on a tant de moyens de bien faire, j'ai tenté d'approfondir les causes du désordre général. J'ai trouvé que la principale était la superstition qui donne lieu au dérangement de l'intelligence, crée une fausse morale qui traîne à sa suite les priviléges, la corruption, la jalousie et les dissensions. J'ai combattu l'erreur jusque dans son sein; je n'ai pas craint de dire que les religions et les noblesse allaient de pair pour détériorer et détruire les ressources de sociabilité. C'est là une vérité que nulle critique ne saurait détruire; je l'ai mise à l'abri de la réfutation par la revue de l'histoire; j'ai forcé les droits divin et légitime de rendre compte de l'influence qu'ils ont exercée sur le genre humain.

Deux moyens se sont présentés à moi comme pierre angulaire de l'édifice social, le droit général d'élection et d'éligibilité, d'abord par commune et ensuite par arrondissement, puis la loi primordiale consentie *sans nulle opposition* qui consacrerait d'avance les opérations de la majorité. J'ai examiné les effets des élémens de différente nature dans un état, et prouvé que la monarchie est un système contraire aux intérêts des peuples. J'ai avancé qu'il n'y a de nation que là où les citoyens ont consenti, par eux ou par leurs commettans, l'acte d'association. Un individu ne peut se dire citoyen s'il n'est pas électeur; il peut se mettre lui et sa propriété hors de la communion, et refuser l'impôt et les autres charges de l'état, à condition de renoncer aux avantages de l'association nationale. C'est de ce point qu'il faut considérer le droit de l'homme; ce qui est à lui n'est qu'à lui; s'il le met en commun, il entend retirer sa part du bénéfice, et savoir surtout comment on dispose de sa mise en fonds

C'est pourquoi j'ai appelé le gouvernement de la nation *République* ou *chose publique*.

Tout y doit être public en effet, et si les fauteurs de préventions jettent la défaveur sur cette dénomination et ses conséquences, il est tout simple de penser qu'ils ont intérêt à repousser le système de publicité; ils préfèrent que tout soit fait dans l'ombre. Le mot *République* effraie leur conscience; c'est un flambeau qui met au jour leurs intrigues démesurées.

Sous le titre *Monarchie*, j'ai compris tous les gouvernemens de simple arbitre. Je ne pouvais pas non plus séparer les principes religieux et aristocratiques de ceux de la souveraineté. Partout je les voyais confondus avec elle ; partout j'étais frappé de cette vérité qu'ils n'ont d'autre but que de servir la domination pour en recueillir les fruits.

J'ai considéré les religions surtout, comme un romantisme sur lequel on ne peut plus fonder les états, et qui s'oppose à toute institution sévère. Nées des phénomènes de la nature et de la faiblesse humaine, exploitées au bénéfice de l'ambition, leur sort fut toujours de dévier l'esprit des hommes du vrai mathématique, et de les pousser dans le chemin de l'erreur jusqu'à un point d'où il n'est pas donné au grand nombre de revenir.

Les voluptés morales attachées à une religion sont séduisantes : l'ame qui s'y abandonne entièrement s'élance de la terre dans les régions où elle se figure le ciel ; et faisant son existence d'une mystique spéculation, se met tout-à-fait hors de la régularité sociale, non par mauvaise intention, mais entraînée par la préoccupation qui détourne ses idées du mécanisme sérieux qui doit constituer l'état.

Il est important d'étudier les sensations qui peuvent déterminer les opinions politiques, afin de ne pas se croire mutuellement de mauvaise foi, et par suite se mépriser. Pour moi, je pense qu'il y a plus d'ignorance dans le monde que de vice ; mais l'erreur peut mener aux plus grands crimes, parmi lesquels je compte l'assentiment donné à l'asservissement de ses semblables. Il faut enfin que l'on se persuade que la constitution sociale n'est plus une affaire de simple sentiment. Les peuples sont dans l'âge adulte, il n'y a que des institutions raisonnées et conditionnées sur l'intérêt de chacun, qui puissent servir de base certaine aux gouvernemens. L'indignation s'élève de toute part contre l'ambitieux qui veut retirer de la masse plus qu'il n'y apporte, et prétend s'élever par des moyens illégaux. Les nécessités de la vie sont tellement enlacées les unes aux autres, qu'il n'est plus possible de disconvenir qu'un artiste laborieux est plus utile à la société qu'un seigneur sans industrie, et l'utilité publique étant appréciée comme objet principal, il en doit résulter la ferme conviction que les hommes ont besoin les uns des autres, dans des proportions relatives, et ont par conséquent les mêmes droits à connaître et à gérer la chose publique, ce qui doit se définir : *égalité des citoyens et droit nécessaire de réciprocité*. Parvenus à ce haut point d'intelligence, les peuples ne peuvent plus reculer, et le plan de politique est dicté par la force des circonstances : même droit à consentir le contrat social, au moyen de l'élection, même titre aux honneurs, même accessibilité aux charges de l'État, quand ils en sont jugés dignes. Voilà le vœu raisonnable qu'ils expriment, et le point d'où l'on ne saurait désormais dévier.

Appeler au tribunal d'une génération raisonnable les systèmes de gouvernement qui ont existé aux différens âges, en leur disant : rendez compte chacun en particulier de l'influence que vous avez exercée sur les hommes, du bonheur et de la dignité auxquels vous les avez élevés, c'était, je crois, entrer dans la voie des combinaisons que nécessite l'avenir ; c'était un moyen pour ainsi dire mathématique

que celui de ramener sur le terrain classique les principales questions d'ordre social, et de les soumettre à l'expérience. Je n'ai tenté cette entreprise qu'après avoir ardemment désiré que quelqu'un plus habile s'en saisît. Le plan était vaste puisqu'il embrassait toute l'histoire, je l'ai restreint aux termes de la plus brève analyse. Écrivain presque ignoré, je ne devais pas me présenter avec des volumes, je m'en suis tenu au sommaire de mes pensées; si la direction que je tente d'imprimer à l'étude de la vraie politique est goûtée, j'aurai la force de la développer toute entière; mon cœur et mon esprit sont également dévoués à ma patrie : il me paraît beau de travailler pour le bonheur du genre humain, pour la liberté de son pays.

Après avoir reconnu qu'il n'y a en politique que deux principes possibles, le populaire et le monarchique, et prouvé que ce dernier est défectueux, il me reste à confesser que, s'il ne m'eût pas paru ruiné dans ses bases par la secousse de Juillet, j'aurais adopté d'autres loisirs que ceux de la politique. Mes vœux se se raient bornés à espérer des améliorations graduelles dans nos institutions. Mais les exigences du dernier monarque ayant accumulé sur sa tête un orage qui devait finir par un coup de tonnerre, cet orage éclata et l'entraina dans son cours. Avec lui périt le droit légitime fondé sur l'antiquité. Semblable à une idole dont les prestiges ont cessé de trouver créance, il fut renversé par un peuple qui ne vit en lui qu'un objet de superstition.

C'est un moment critique pour un peuple que celui où s'écroule l'édifice de ses croyances politiques, lorsque, jeune encore d'expérience, il pouvait se bercer sur elles sans défiance et sans souci. Aux premières années de la vie, nous nous plaisons dans les créations de notre ame, dans nos rêves de bonheur, mais il vient un âge où ces illusions cessent et alors il ne nous est plus possible d'y revenir. Arrivés dans la voie de la positive raison, nous devons la suivre pour jouir, sinon de la félicité idéale qui était l'objet de nos espérances, de celle du moins qui peut se réaliser. C'est ainsi qu'après avoir généralement reconnu que la légitimité et le droit divin sont une chimère, les peuples ne peuvent plus lui confier leur avenir. Il faut qu'ils tournent leurs intentions vers le principe mathématique du droit de tous, principe d'équité et de raison, et le seul assez large pour les bases de l'édifice social.

Si un trône consacré peut, ainsi qu'une idole sainte, être pour une nation un point de ralliement et appuyer sa constitution, ce n'est qu'autant qu'une ferme croyance lui en fera une conscience réelle, car alors elle se prosternera et subira une administration uniforme. Mais au temps où nous vivons quelle probabilité reste-t-il aux partisans du despotisme de ramener les esprits à un tel rétrécissement? Il n'est plus à cet égard d'illusion possible, le torrent des peuples ne peut reculer; il faut qu'il suive son cours dans les digues de la loi, seules capables d'empêcher son débordement detructeurs.

Une chimère qui abuse encore la plupart des hommes et m'a long-temps séduit moi-même, c'est la possibilité d'une amélioration pacifique à laquelle se prêterait quelque prince honnête et généreux. Mais, à le bien considérer, l'autorité individuelle a tant de charmes, que ceux entre les mains de qui elle tombe tendent constamment à l'oppression comme unique moyen de se conserver. Il a toujours fallu, pour être moins chargés, que les peuples secouassent de temps en temps leurs chaînes, et fissent preuve de leurs forces cachées. Semblable au berger impitoyable qui maltraite ses troupeaux tant qu'ils sont lâchement dociles, et qui s'enfuit lorsquil survient parmi eux une rébellion, les despotes s'acharnent à mesure de leur sécurité. Ces considérations appelant ma réflexion sur les révolutions en général, j'ai observé qu'elles n'arrivent qu'à des époques d'inorganisme amenées par les vexations. Elles classent dans l'histoire les degrés de liberté et de civilisation, de sorte qu'on peut dire que les peuples y ont toujours gagné, et qu'elles ont été comme des opérations douloureuses pratiquées sur quelque membre du corps social pour le sauver en entier.

Pénétré de vérités si claires, et d'un intérêt si élevé, j'ai tourné mes regards vers la monarchie dite constitutionnelle ou de la restauration, pour voir si elle pouvait réconcilier les opinions. Je n'ai pas tardé à me convaincre que ce système bâtard n'est qu'une sorte d'accommodement jésuitique entre la tyrannie et la liberté. Les élémens ennemis y sont masqués, la ruse y combat, et l'état est dans une position d'autant plus précaire que l'un tend sans relâche à renverser l'autre. La monarchie constitutionnelle ne peut subsister qu'en ruinant rapidement la nation et l'entraînant au despotisme qui est son essence. Si tout le monde n'est pas à même d'apprécier l'antipathie de deux élémens aussi irréconciliables que la liberté et l'esclavage, chacun du moins peut vérifier que ce juste-milieu n'a pu se soutenir pendant dix-huit ans que par l'accroissement progressif de la dette publique dans des proportions effrayantes. Cette dette qui, sous Napoléon, n'excéda pas 1,912,500,000 fr., s'est présentée depuis son règne comme nous allons voir :

Sous Louis XVIII, 3,466,000,000 fr.
Sous Charles X, 4,260,000,000 fr.
Sous Louis-Philippe, 5,417,595,017 fr.
Ajoutez, pour le nouvel emprunt, 150,000,000.

Ces chiffres sont assez concluans, sans

parler de l'augmentation toujours croissante des impositions.

Si j'avais à représenter la politique par un signe, je dirais que c'est une pyramide dont la pointe est la monarchie et la base la nation. Si l'on veut s'entêter à la faire tenir sur la pointe, il faut des efforts et des soins inouis pour qu'elle conserve cette position forcée. Si au contraire on la laisse retomber sur sa base, elle y reste ferme d'elle-même, et tout autour règne la sécurité.

Quels que soient les débats des hommes entre eux, les événemens les porteront toujours dans la voie des élections générales. C'est envain que l'aristocratie les repousse en disant qu'elles produiraient la confusion et favoriseraient l'intrigue. Un tel langage est désormais usé; partout où il y aura des élections, il y aura un concours d'ambitions, mais influence contre influence : ce n'est là que l'éternel combat des principes du bien et du mal, qui, en matière d'intérêt général, aura toujours un bon résultat et constituera la légalité.

La prévention est un moyen qu'emploient à tout propos les ennemis du perfectionnement. Ils ont toujours quelque mot terrible, quelque phrase à sentence mystique, ou une hyperbole frappante pour détourner l'opinion populaire de l'avantage des institutions républicaines; j'entends de ces gens qui, avec une douzaine de mots, jouent un rôle de quelque effet; au nom de république, se lèvent comme des sybilles prophétiques, et vous jettent les mots *terreur*, *sang*, *guillotine*, *bourreaux*, sans aucun raisonnement. Pitoyable manifestation de l'ignorance et plus souvent de la mauvaise foi! Il ne faut qu'un peu de bonne volonté pour voir que ce sont les hommes de l'opposition nationale qui demandent chaque jour l'abolition de la peine de mort, le soulagement des prisonniers, la prudence dans les jugemens criminels, la diminution de l'impôt homicide, et soutiennent partout la cause de l'humanité. Sommes-nous cause qu'à une époque non de gouvernement mais de révolution, l'aristocratie ayant succombé dans une lutte acharnée, vit ses rangs éclaircis par le glaive et la proscription? Il s'agit des principes en vertu desquels existe un gouvernement; je vous demande donc si ce sont ceux de la république qui, pendant la longue période du moyen âge, ont ensanglanté tout l'univers par des guerres de parti et de religion? Les croisades, la Saint-Barthélemy, les massacres si souvent renouvelés des juifs et des huguenots, les tortures de l'inquisition émanaient-ils de la philosophie républicaine? Et sans remonter si haut dans l'histoire, le royaume de Pologne, dépeuplé par le supplice et la déportation, prouve-t-il que l'empereur de Russie soit un républicain? Le despote de Modène, avec ses féroces sicaires, le pape avec ses froids édits de mort, don Miguel et Ferdinand avec leurs moines inquisiteurs et leurs cruautés raffinées, sont-ils républicains? Faut-il vous rappeler que différentes cours de l'Europe furent toujours en possession, les unes du poison, les autres du poignard, pour mettre à l'aise leurs odieuses trames; que, las d'un sang vulgaire, le père et le fils assouvissent souvent leur ambition aux dépens l'un de l'autre?

Partout il y a des passions; celles des rois sont les seules auxquelles on ne peut mettre un frein; mais l'instruction se fera jour à travers les masses, et la honte restera aux ennemis des intérêts populaires. Les hommes probes et patriotes se tendent déjà la main de tous les points de l'univers.; c'est en France surtout qu'ils redoubleront d'efforts, car la France doit toujours être le centre des lumières et le vaisseau de la liberté.

RÉPUBLIQUE

ET

MONARCHIE,

OU

PRINCIPES D'ORDRE SOCIAL.

CHAPITRE Ier.

Royauté de 1830. — L'Esprit de la Révolution de Juillet renié et trahi par le gouvernement Français. —Tendance manifeste à la tyrannie monarchique. — Effet déplorable du retour de ce système. — La France et les peuples de l'Europe sacrifiés à la fondation d'une dynastie.

Ne sont-elles qu'un rêve, une consolation dans le malheur, ces nobles pensées d'indépendance que nourrit le cœur des citoyens opprimés! La liberté, les vertus civiques, le droit de tous, ne sont-ils que de vains mots qu'une politique artificieuse défiera toujours de se réaliser?.... Tant que les intérêts des nations furent enveloppés des ténèbres de l'ignorance, ces questions purent rester indécises; les peuples, forcés d'abjurer leur propre raison et de se laisser conduire par ceux qui leur tenaient le bandeau sur les yeux, durent courber la tête sous de barbares dominations, croire qu'elles venaient du ciel, et, pour comble de dégradation morale, adorer l'esclavage et les crimes de la superstition. Ces temps de calamité se sont éloignés peu à peu; le génie comprimé a senti ses forces, et créé des moyens que l'instruction a mis dans les mains de tout le monde; l'esprit humain a repris les voies de la sage nature, et les hommes, convaincus de l'égalité de leurs forces, sont convenus de donner refuge à leurs passions dans l'égalité de leurs droits. C'était le seul moyen de réaliser une paix durable, une commerce universel, une libre industrie, et de faire fleurir les sciences et les arts, élémens du bonheur social. D'où vient donc que ce concert de sentimens nous laisse encore sur les bords de l'abîme dont nous nous sommes élancés, comme pour nous faire languissamment contempler le peu de distance qui nous en sépare; n'en serions-nous sortis que pour mieux voir les horreurs qu'il renferme et nous y précipiter de nouveau? Voilà ce que l'on se demande au milieu de l'inaction générale, où chacun, pressé par la commune détresse, met son esprit à la réflexion.

Il y a deux ans que les Français conquirent leur liberté au prix de leur sang : un spectacle imposant fut donné au monde. Qui aurait imaginé qu'un fait si sublime s'allierait bientôt à un acte ridicule, et que les patriotes de Juillet, qui avaient affronté le canon de la tyrannie avec des seins palpitant d'amour libéral, aujourd'hui citoyens libres, demain esclaves volontaires, prostitueraient l'indépendance qui leur coûtait de si nobles travaux? Ce fut ce qui arriva. Dans l'ivresse d'une trop belle victoire, ils se déclarèrent eux-mêmes incapables de comprendre et de régir les affaires de la nation. Ils firent la folie de chercher dans les préjugés dont ils avaient été victimes, des ressources qui ne pouvaient être que dans l'intelligence et le courage qui venaient de les sauver : ils firent un roi; n'est-ce pas en dire assez (1)?

Le coup de Juillet, portant directement sur les

(1) *Impunè quælibet facere id est regem esse.* (SALLUST.)

bases de l'édifice social, était bien fait pour prouver qu'en Europe il est généralement d'une forme défectueuse. En effet, la secousse s'en fit sentir sur tous les points, et, comme une masure de la féodalité, il fut prêt à tomber de fond en comble, laissant la place à un autre plus parfait. La création d'un monarque en France, vint l'appuyer comme une pièce de rapport lestement substituée; et il resta dès lors suspendu sur nos têtes, toujours menaçant ruine et toujours se réparant à nos dépens.

Les peuples qui depuis long-temps nourrissaient l'espérance de s'affranchir de la tyrannie qui opprime l'Europe, crurent le moment venu de leur délivrance. Animés de cette sympathie qui unit aux cœurs français les cœurs généreux de tous les pays, ils répondirent à leur cri de liberté : ni les chaînes qui les tenaient étroitement liés, ni le glaive capricieux de l'arbitraire, suspendu sur leur tête, ne purent arrêter l'élan de leur confiance. En voyant la France libre, ils ne purent jamais douter qu'elle ne partageât avec tout le monde les biens précieux de la civilisation. Dans les états d'Allemagne, dans ceux d'Italie et de Piémont, en Belgique, en Pologne, en Grèce, au milieu même des capitales où le despotisme exerce le plus rigoureusement son active surveillance, le nom des Français était le mot d'ordre, le talisman qui faisait battre tous les cœurs. On ne les appelait pas, on l'eût cru inutile; on les attendait.

Les peuples voulaient se donner la main en frères, se dire qu'ils avaient le même besoin de bonheur et les mêmes intérêts; victimes des mêmes travers, ils voulaient signer le pacte social sur la ruine des institutions qui, depuis deux mille ans, ont avili leurs aïeux et déshonoré l'histoire de l'humanité. Il ne devait plus y avoir désormais entre les patries d'autres séparations que les frontières naturelles, on rêvait l'extinction de l'esprit meurtrier de division; mais, hélas! il se relevait déjà plus dangereux que jamais, puisque c'était avec la pitié et l'appui de ceux qui l'avaient renversé.

Après les tentatives tyranniques du roi Charles et la fin de son règne, on vit réalisées des prédictions que les hommes sensés faisaient depuis dix ans, en s'efforçant de démontrer la tendance d'élémens contraires dans l'Etat. La cause si longtemps plaidée des peuples et des souverains, semblait jugée en dernier ressort; l'on avait lieu de croire que tout le monde devait être fermement convaincu de la nécessité du règne de la loi. L'élévation du duc d'Orléans au trône causa une surprise d'autant plus universelle, que les partisans même du système monarchique n'avaient pas lieu de s'attendre à un choix de cette espèce. On avait vu le droit de légitimité déclaré hors de saison, et l'on se demandait les motifs qui avaient pu déterminer en faveur d'un homme qui n'avait cependant d'autres titres, pour y prétendre, qu'une généalogie réprouvée. Les grands mots dont on fit étalage, l'appareil dont l'environnèrent les meneurs des chambres, n'induisirent personne en erreur. Chacun vit dans un tel acte les effets de la frayeur, et la faiblesse d'une troupe d'hommes sans génie; et les droits de Philippe au trône furent taxés de demi-légitimité. Ceux qui, dans la précipitation, avaient été les auteurs de l'élection de ce souverain, pensèrent à faire accroire que leur bévue était un coup d'adresse d'un ordre supérieur. Ce roi, nous criaient-ils, n'est pas comme les autres rois, ce n'est pas un roi de France, c'est un roi des Français, un roi citoyen; nous sommes nous-mêmes un peuple roi, et nous avons une république sous une royauté......... Une logique si embrouillée nous donna encore à conclure que Philippe était un demi-roi, et que notre partage était la confusion. De telles absurdités furent le type d'une infinité d'autres, et nous n'en dûmes pas moins leur soumettre notre croyance ; et subir longuement les conséquences de tant d'erreurs.

Un élément quelconque, lorsqu'il domine, tend à assimiler à sa nature les objets qui forment ses rapports : après la création d'une royauté sans caractère, un ministère équivoque lui devenait indispensable. Des hommes sortis des rangs de l'opposition, des hommes de la révolution qui venait de sauver la patrie y furent appelés, par égard pour l'opinion nationale ; mais ils se trouvèrent incorruptibles, et ce n'était pas ce que le pouvoir voulait. D'autres furent invités à le servir, et tel en fut le charme à leurs yeux, qu'ils lui sacrifièrent leurs opinions antérieurement honorables, ou n'eurent plus le talent d'agir conséquemment à leur conduite passée. La cour des souverains est le creuset où s'éprouve le cœur des hommes; quand ils en eurent subi l'expérience, le leur fut corrompu ; à la place de l'amour de la patrie, du dévouement, de quelques talens que l'on espérait d'eux, ne se trouvèrent plus que la basse complaisance, la fourberie, et l'intrigue des temps précédens. Un tel jugement n'est point précipité ; nous avons assez payé le tribut à la crédulité par deux ans d'aveugles concessions. « Laissez-nous faire, disaient ces ministres, « ayez confiance ; la France touche à des jours de

« félicité ; nous seuls connaissons le secret de les « hâter... » Eh bien, nous avons attendu comme si nous doutions plus de nos propres moyens que des leurs ; quels ont été, quels sont les résultats de notre bonne foi ? La France et l'Europe entière réduites à la plus déplorable misère ne répondent que trop à cette question.

L'élévation de Philippe n'inspira aucun doute aux personnes d'une médiocre expérience ; la multitude n'avait pas le moindre soupçon que les sentimens unanimes qui avaient amené la révolution pussent être déjoués. A ce compte, on pensait que la Pologne, l'Italie, la Belgique n'avaient qu'à vouloir leur indépendance, et marcher dans la voie que nous leur avions tracée. Diverses démarches du gouvernement français, simulant le patriotisme et la bonne foi, encouragèrent ces peuples à sortir de l'esclavage les armes à la main. Toute l'Europe fut soulevée contre les institutions despotiques qui semblaient ne devoir plus trouver aucun appui. Un traité de non-intervention, provoqué par notre cabinet, parut d'abord un habile entreprise, car les peuples étaient assez intelligens pour faire chacun de leur côté ce que nous avions fait du nôtre. Ce traité fut-il une fourberie du gouvernement français ou seulement le fait d'un esprit tracassier et incapable d'un plan étendu? L'impartialité prononcerait pour cette dernière assertion, si les ministres ne s'étaient montrés tout à la fois trompeurs et sans talens, lorsqu'ils eurent à répondre sur ce qui concernait l'intervention des Autrichiens en Italie, et quand il a fallu soutenir les conséquences de leur conduite hasardée.

Il est des personnes qui ont voulu inculper Philippe d'avoir longuement tramé la révolution de juillet, et de s'être, par ses moyens personnels, assis sur un trône qu'il jalousait. Ce serait sans doute élever beaucoup trop haut l'esprit du nouveau souverain, et peut-être rabaisser les qualités de son cœur, que de porter sur lui un pareil jugement. Quand on le fit roi, il ne paraissait pas avoir les projets qu'il a conçus après son élévation. Il avait vécu en homme paisible, en bon particulier; et les idées de libéralisme dans lesquelles l'avait toujours tenu la haine non ignorée de la branche régnante, purent lui faire croire tout-à-coup qu'il pourrait être un roi d'une nouvelle espèce et faire le bonheur des Français. Il est permis de croire qu'il venait au trône de bonne foi, sans prévoir plus sa destinée que celle de la nation. Il reçut le titre de *roi-citoyen* sans réfléchir à l'incohérence de deux expressions si contradictoires, et le peuple lui-même le répéta comme un accent de bon augure, attendant gaîment les conséquences de sa légèreté.

Louis-Philippe aurait pu devenir l'organe principal de la révolution qui l'avait élevé, et être le dispensateur de l'universelle liberté. Mais l'instinct de sa conservation particulière se fit d'autant plus sentir chez lui, qu'il n'y avait rien de positif dans sa situation. Il était roi et n'avait pas de royauté; il était citoyen et ne pouvait se rallier à aucune classe. Le premier mouvement de réflexion dut lui inspirer l'idée de penser à lui même, avant de se consacrer aux autres, et, puisque l'on voulait appuyer sur sa personne la sûreté de l'état, de songer à s'affermir avant tout. Tandis donc que les peuples poussaient des cris de ralliement, au lieu de porter sur les frontières une guerre qui eût fait tomber toutes les couronnes de l'Europe, et peut-être la sienne avec les autres, il méditait en secret une alliance avec les princes étrangers; sa lettre à *son cousin* l'empereur de Russie en fait foi, et les intrigues continuelles de ses ministres dans les cabinets des autres despotes ne laissent aucun doute sur les intentions du nouveau souverain.

Ce n'était point encore pour lui une entreprise aussi facile que d'abord il l'avait espéré. Les membres de la sainte-alliance ne pouvaient voir de bon œil ce nouveau parvenu; bien des mortifications durent être échangées contre ses avances amicales et respectueuses; mais comment dévier de ce plan; comment, lorsque l'on est roi, n'avoir d'autres partisans que des peuples orgueilleux de leur liberté?... Il fut résolu que l'on ferait aux têtes couronnées toutes les concessions qui leur conviendraient, et que l'on établirait solidement son trône sur les ruines de la liberté, plutôt que de n'être que le premier des Français et l'organe exécutif d'une constitution populaire.

Telle était la position de Louis-Philippe lorsqu'on lui eut donné le funeste titre de roi, qu'il ne pouvait plus se rallier qu'à des souverains ses semblables, et exercer lui-même la tendance du monarque, qui est en sens inverse de celle d'une nation. Mais dire qu'il eût dès long-temps fait un plan de tout cela, c'est, j'aime à le penser, sortir des bornes de la vraisemblance; car, bien que toutes ces choses se soient réalisées, elles étaient trop loin de la probabilité.

Les Polonais, les Belges et les Italiens durent donc vainement espérer l'appui du peuple français et invoquer son nom. La révolution l'avait rendu maître de lui-même; mais, après deux jours, il se trouvait enveloppé d'une tyrannie d'autant plus dangereuse qu'elle se présentait avec les titres et le langage de la liberté. De quelle indignation ne durent-ils pas être transportés contre nous, ces frères courageux qui brisaient leurs chaînes sous les auspices de notre intervention, lorsqu'ils purent voir qu'elle n'était qu'une perfidie qui avait découvert leur sein au glaive de leurs despotes! Ils s'étaient tous montrés tels qu'ils devaient être : les Belges avaient déployé toutes les ressources de l'ame contre la colossale alliance des cabinets; les Italiens avaient assez fait pour que l'on pût dire que la puissance des rois était décentralisée et résidait dans un point de leur pays; les Polonais,... Malheureux! au moment où j'écris ces pages, je dois laisser leur éloge pour méditer sur leurs funérailles et la honte imposée à ma nation....

Ce que les peuples font est toujours bien fait, l'expérience de tous les siècles en est la preuve; mais ils ne vont que graduellement et d'une marche irrégulière à la conquête de leur civilisation, parce que les seuls sentimens sont leur guide, et que celui de la souffrance qui les révolte fait bientôt place à celui de la pitié, de la bonhomie, et d'une aveugle confiance. Ils s'enivrent comme des enfans de la première jouissance qui succède à la douleur, et, pour être de la sorte inconséquens, ils ne réalisent jamais entièrement leurs projets. Il n'en est pas de même de ceux qui, dès le berceau, sont appris à lutter contre eux avec la politique de l'asservissement; leurs actes ont des conséquences régulières; le crime, qui est leur premier ministre, les mène à leur but même au travers du cœur d'un ami. Ces êtres et ceux qui les servent ont rompu les liens de la nature, et, substituant l'artifice au sentiment, sont devenus des machines pour lesquelles l'ambition est le point mathématique dont ils ne dévient jamais. Les peuples défont le mal des états comme on secoue un fardeau pénible; mais ils ont le malheur de se trouver satisfaits d'un soulagement passager, et confient assez souvent au premier venu le soin de leur avenir. Des promesses, des concessions apparentes, des mots qui les flattent, en voilà assez pour les séduire et leur préparer un nouvel esclavage. C'est encore ce qui est arrivé au peuple français, le plus instruit mais le moins défiant du monde. Sa situation maintenant est plus déplorable qu'elle n'était pendant qu'on rédigeait aux Tuileries les ordonnances qui amenèrent le soulèvement; car alors il était muni de prévoyance, riche d'industrie commerciale et fort par son union : ces moyens ont tous été épuisés à côté du but.

La révolution de juillet, quelque solennel qu'ait été son début, de quelque éclat qu'elle ait été environné par la suite, ne rapportera que peu d'honneur à notre génération; elle n'ira pas de pair dans les siècles avec celle que nos pères firent il y a quarante ans. Les hommes qui s'élancèrent alors du concours populaire lui ont manqué pour la revêtir d'un caractère décisif. Comment comparer la fière et puissante république qu'ils créèrent, à ce gouvernement de deux jours que nos soi-disant réprésentans laissent tomber de leurs mains chancelantes pour ne plus s'occuper, durant leur session, qu'à forger à la nouvelle tyrannie les chaînes qui devaient peser sur nous! A peine quelques voix se firent-elles entendre parmi eux pour retenir la liberté; un petit nombre avait prévu ce qui était arrivé, quoique tous eussent dû le prévoir, et aucun n'avait de fermes projets pour l'avenir; de sorte que l'énergie des vrais patriotes, au lieu d'être là, se trouvait toute hors du centre des pouvoirs.

Voilà qui fait voir la défectuosité des états où domine un genre quelconque d'aristocratie ou de privilége. Si les représentans du peuple se fussent trouvés des hommes choisis par le peuple même, dans la généralité de la nation, que la nature dote également des dons du génie, le gouvernement provisoire, au lieu de tant de nuls, se serait trouvé composé d'hommes capables, dont le cœur aurait battu à l'unisson de ceux qui versaient leur sang pour la patrie, et qui auraient eu la force aussi bien que la sympathie populaire.

Le hasard semble jouer un grand rôle dans la politique, et cependant il n'arrive rien sans cause dans l'univers. Mais trop généralement on se lasse de considérer ce qui amène les évènemens, et l'indolence fait qu'on s'abandonne à leur cours. L'intrigue déploie alors facilement ses tendances, et se hâte de prendre le dessus; c'est encore ce que j'observe en France depuis la révolution. Nous crûmes avoir tout fait lorsque la renommée nous eut proclamés une nation de héros capables de briser le sceptre d'un roi comme un fragile roseau. Le seul sentiment de la honte et de la conservation nous avait soulevés, l'unique sentiment de la louange et du mieux être parut suffisant à notre félicité. Pour le Français la jouissance présente est tout ; joignez à cela quelques paroles qui le flattent sur son avenir, à peine s'il regardera de qui elles lui viennent. Habitué à agir avec franchise, la défiance est le dernier de ses soucis, comme la légèreté le principal de ses défauts. Avec de telles dispositions morales, quelle avance ne dûmes-nous pas prendre dans le chemin des illusions, lorsque tout-à-coup on nous appela *le peuple roi*, de même que nous avions appelé Philippe *le roi citoyen!* Il ne manquait pour nous étourdir tout-à-fait que de nous faire accroire que nous serions tous pesés à la balance de la loi ; que les diverses aristocraties reculeraient sur la ligne commune, et que les classes méprisées des citoyens avanceraient sur la limite de l'égalité. De telles promesses étaient sans doute bien flatteuses, puisque nous les avions arrachées à la domination ; mais avant de quitter les armes, fallait-il croire à des paroles qui étaient démenties par les faits? D'autres chartes aussi avaient promis aux Français l'égalité des droits ; mais les quatre-vingt-dix-neuf centièmes n'avaient eu d'autres droits communs que ceux de payer la taxe, et de verser leur sang pour une patrie qui n'était qu'un mot. C'est encore ainsi maintenant ; là où un roi remplace un autre roi, une aristocratie une autre aristocratie, il n'y a rien de changé pour le peuple, il n'y a que des tribulations, et la charge d'enrichir de nouveaux seigneurs.

La mauvaise foi du ministère français se manifesta d'abord à l'époque où la Belgique, tendant la main à la France, voulait effacer les frontières qui l'en séparent, ou devenir uue alliée de notre nation. Sans doute qu'un peuple aussi brave que le peuple belge eût été un appui trop réel des institutions dont nous prétendions jeter les fondemens. L'abandon que l'on fit des Polonais semblait justifié par le traité de non intervention, et la difficulté de les secourir sans porter atteinte à un territoire neutre. Mais si tel eût été le respect de notre cabinet pour la foi de ce traité, l'Italie, cette sœur malheureuse de la France, aurait-elle en vain imploré son assistance contre le sceptre oppresseur du potentat de Vienne? Ses enfans, errans sur nos côtes et dans nos cités, y seraient-ils devenus les objets des plus infâmes traitemens?

Le soulèvement des Italiens devait amener la solution de tout le problème politique. Un pontife et un despote (1) avaient anciennement passé un

(1) Grégoire III et Pépin, fils de Martel.

nœud fatal au cou des peuples. Ce nœud devait être brisé, et les titres odieux de pape et de roi rayés à jamais de l'histoire à venir. Oui, toute la politique de l'univers, au moment de la révolution d'Italie, était à Rome, foyer infecté du désordre et de la corruption qui livrent les peuples à l'arbitraire des potentats !

Notre gouvernement sut prévoir que l'abolition de l'esclavage serait entièrement opposée à ses vues secrètes. Les intrigues qu'il avait entamées avec les cabinets du Nord lui inspirèrent déjà assez de confiance dans ses propres forces, pour résister au cri de la nation qui brûlait de tendre la main à l'Italie renaissante. Les efforts de quelques députés furent vains aussi bien que ceux du peuple, prétendu souverain ; l'éclat de la nouvelle couronne avait déjà ébloui les yeux de la majorité ; la cause sacrée de la liberté, la patrie disparurent à leurs regards fascinés. Cependant, il eût peu fallu pour sauver l'Europe ; la seule certitude d'être appuyé par les Français donnait aux Italiens l'énergie nécessaire à la restauration de leur constitution. Ils ne manquaient pas de bons modèles ; on sait que les républiques qu'ils élevèrent au moyen âge ont été le berceau de notre civilisation. Mais notre gouvernement avait résolu de tout sacrifier pour mériter de la part des souverains le pardon de son origine. Il prêta la main à ce que les Autrichiens s'étendissent en dominateurs sur toute l'Italie, lorsqu'une menace ou tout au plus une escadre de cinq ou six vaisseaux dans l'Adriatique leur eût empêché de franchir les rivages du Pô.

Quel bon Français n'a versé des larmes sur un si funeste événement! Cette contrée dont l'infortune égale les beautés, et qui, depuis des siècles, n'est vaincue qu'à force de corruption, touchait au moment de reprendre, parmi les nations, le rang glorieux dont plus d'une fois elle se montra digne. Jalouse d'imiter la France, capable de la surpasser peut-être bientôt en fait d'intelligence, elle s'élançait au devant de sa résurrection; mais ce fut en vain. Nos ministres avaient juré sa perte aussi bien que celle de la France. Pliés au joug de la puissance, ils devaient traîner son char sur ces peuples malheureux.

L'infortune des Italiens est cruelle; les chaînes qu'ils avaient soulevées sont retombées sur eux plus pesantes que jamais; les plus braves d'entre eux, ceux qui s'étaient le plus héroïquement dévoués au salut de leur patrie, errent frappés d'une irrévocable proscription. Les têtes de leurs amis tombent encore chaque jour sous le couteau du tyran de Modène ou celui de la prostituée de Parme. Le pape et le césar autrichien ont entassé les autres dans leurs ténébreux cachots. Et leurs familles, que sont-elles devenues? Un fils qui a désespéré de toute vertu n'a plus d'autre moyen que de demander au destin une vengeance aveugle; il rançonne le voyageur! Et la fille.... malheureuse! quand vient le soir, elle met une fleur sur sa tête, et le désespoir va dicter les voeux de son cœur. Sa pudeur, dernière ressource d'une mère qui meurt de faim, devient la proie d'un soldat brutal ou d'un prêtre débauché, seuls êtres qui, servant bien le despotisme, puissent disposer de quelque valeur ou servir de protection (1).

Telle a été cependant notre faiblesse, que nous avons, malgré tant d'horreurs, cédé à un ministère qui tournait en dérision notre pitié et osait nous proposer l'alliance des rois étrangers en nous disant qu'ils étaient amis de notre constitution, en même temps que la seule valeur des Polonais sauvait nos frontières de leur invasion.

(1) Après que les Autrichiens furent entrés dans les états du pape, la misère fut si horrible à Ferrare, à Bologne et à Ancône, que les jeune filles de familles y étaient prostituées en foule pour un peu de pain.

C'en est assez pour prouver que le gouvernement français avait de prime abord renié le principe de la révolution, et qu'il craignait de le voir s'établir sur de larges bases, unique gage de sa solidité. Notre voeu de porter la guerre sur les frontières devait d'autant plus répugner à Philippe qu'il voyait bien que les opinions se réduisaient à deux principales, celle des peuples et celle des rois, c'est-à-dire de la liberté et de l'esclavage, et que son choix était fait en faveur de ce dernier parti. C'est là toute l'histoire politique de deux années. L'Europe sacrifiée aux intérêts d'un individu qui voulait fonder sa dynastie, lèguera ce souvenir à la postérité.

CHAPITRE II.

Moyens employés par le gouvernement pour énerver la nation. — Preuves de la tendance à la tyrannie et de l'alliance secrète du roi Philippe avec les autres potentats. — Dangers qu'il court sur le trône et auxquels la France est exposée par rapport à lui. — Louis-Philippe invité à déposer la couronne dans son intérêt et celui de la nation.

Les absolutismes nient que les peuples de notre siècle soient éclairés : on serait tenté de les croire, si l'on en jugeait d'après la simplicité des moyens par lesquels ils se laissent encore séduire et dominer. Il dut résulter des confidences des potentats, que dans quelques pays, tels que la France, l'Angleterre, la Belgique, la population avait trop de ressources, et devenait indomptable. Le roi des Français frémissant de crainte sur son trône mal assuré, loin de se faire l'organe de la propagande libérale, dut envier la facilité avec laquelle l'empereur d'Autriche et le duc de Modène foulaient aux pieds le patriotisme des Italiens, faibles seulement par leur pauvreté et la misère générale de leur pays, où toute espèce d'industrie est étouffée. Les intrigues de son gouvernement avec les autres cabinets, mirent en usage les alternatives de guerre et de paix, fatales à toute prospérité, et arrachèrent à la faiblesse des députés d'énormes contributions. Il n'en eût pas fallu davantage pour mettre dans l'espace d'un an toute autre nation que la nôtre hors d'état de résister à un tel machiavélisme. Mais il n'en est point encore ainsi; grièvement ulcérée dans son commerce, la France conserve en silence une énergie qu'elle emprunte à la conviction de ses principes constitutionnels; cependant, il serait dangereux qu'elle ignorât qu'une trop longue inertie pourrait à la fin l'énerver; car aucun état ne résiste à ces permanentes machinations.

Malgré l'espèce d'intelligence où en étaient venus les cabinets, à cause des circonstances, il régnait entre eux cette sorte de défiance commune aux gens sans probité. Louis Philippe déplaisait à la Sainte Alliance, qui ne saurait lui offrir que de faux frères. A ce compte, elle aurait bien voulu tirer un double avantage des armemens que notre révolution l'avait mise dans le cas de faire. Tout en recevant les soumissions du gouvernement de Paris, ceux de Vienne et de Saint-Pétersbourg ne regardaient son alliance que comme un pis-aller et une affaire dont la conclusion dépendrait encore de sa docilité et de ses dispositions à tyranniser de concert avec eux. Ils maudissaient la résistance opiniâtre des Polonais qui tenait en échec tout leur plan d'invasion, mais ils n'en continuaient pas moins les apprêts autour de nos frontières. Notre gouvernement, peu rassuré, n'avait pas d'autre moyen que d'exploiter avidement les ressources de la nation, et de se confier, pour sa défense personnelle, à ceux qui possédaient la véritable force. Il pensa qu'en outre de cinq cents mille hommes de guerre que l'impôt le mettait à même de faire marcher, la garde nationale pourrait être pour lui un rempart inexpugnable. En cela il ne se trompait pas ; mais, au milieu même de ses terreurs, il ne perdait pas de vue son point de personnelle ambition. Il crut en conséquence devoir l'établir sur un mode de législation douteux qui lui laisserait la perspective de pouvoir la dissoudre, lorsqu'il ne craindrait plus rien du dehors et qu'il voudrait abuser du pouvoir au dedans. Il pensa même à en faire un instrument de tyrannie en cas qu'elle dût se mobiliser. C'est en parcourant la loi de son organisation, vraie tartuferie, rédigée par les ministres de Philippe, que l'on reconnait tout à la fois la misère et la tendance pernicieuse de leur esprit. « *La garde nationale,* commencent-ils par vous dire, *est instituée pour défendre la royauté constitutionnelle, la Charte et les droits qu'elle a consacrés.* ».... Ne dirait-on pas que la Charte est bien honorée d'être admise au second rang, dans cette formule solennelle, et que la royauté existe indépendamment des droits qu'elle a consacrés ? Ne voit-on pas dans de semblables formes l'astucieuse duplicité dont se masquent les esprits de parti, qui tendent à la domination; semblables à celui de l'église, qui fière d'un règne réel, et méprisant toute autre autorité, même en se disant soumise, prie pour son père le pape, son seigneur, son archevêque, et enfin pour les rois? Il n'y a rien d'étonnant à ce que les gens auxquels nous faisons allusion n'aient que des égards inférieurs pour les puissances dont ils reçoivent le salaire, et que la patrie ne soit rien à leurs yeux; mais que dans une assemblée qui se dit représenter le peuple Français il ne se trouve pas une majorité qui mette la Charte et la nation au premier et unique rang, voilà ce qu'un homme de cœur ne peut concevoir. La garde nationale est ou plutôt s'est instituée pour le maintien de nos libertés;

les Parisiens de juillet en sont le type; son chef devrait résider près de la chambre législative, instrument passif et protecteur puissant de ses décisions sur les affaires de l'état. Le même contre-sens se présente dans la formule des prestations de serment prescrite aux officiers. Mais il ne faut pas s'arrêter à s'en étonner, puisque les fonctionnaires publics et les électeurs municipaux ont dû se soumettre à cette honteuse formalité. On ne peut toutefois passer sous silence les deux dernières sections de cette loi informe, concernant les corps détachés, et la nouvelle organisation que l'on aurait en vue d'en faire, dans le cas où ils seraient mobilisés; c'est là qu'a eu lieu le principal escamotage. Cette garde nationale, que vous vous représentez si fortement unie aux sympathies populaires, par le droit des suffrages qui lui ont donné des chefs de son goût et de sa confiance, conformément à toute bonne institution, cette garde nationale, dis-je, n'est pourtant qu'une mine, d'où le despotisme prétend tirer plus tard les instrumens de ses volontés. Un jour que les gardes nationaux seront appelés hors de leurs foyers, de nouvelles organisations les feront passer confusément sous de nouveaux chefs, qu'aura désignés le bon plaisir du roi, et ceux en qui reposait la confiance, leurs chefs naturels n'auront été qu'un objet de secrète risée pour les meneurs du haut bout ; et des Français qui se disent citoyens en seront venus jusqu'à une si humiliante expérience, avant de se persuader que leur droit d'élection populaire n'était qu'une ombre de liberté.

La peur, cette fille du doute et de la peur, que les anciens déifiaient, trouve toujours une place au milieu des partis qui sont en présence. Ce n'est qu'en se faisant une telle idée que l'on peut se rendre compte des concessions qui terminent quelquefois les séances après lesquelles une loi est décrétée. On dirait que chacun est bien aise de trouver un refuge dans des définitions douteuses qu'il peut interpréter au gré de son opinion, et qui n'offrent rien de positif à la réflexion. Tout ce qui a été fait par nos représentans dans les deux dernières sessions, porte l'empreinte de la faiblesse, et semble dénoter de leur part aussi peu de confiance dans leurs propres moyens que dans ceux du gouvernement (1). S'il m'est permis de le dire, cette *auguste* assemblée a déployé tous les défauts du caractère français, qui sont : la légèreté,

(1) Il est quelques hommes parmi nos députés que ne sauraient atteindre ces reproches. L'histoire tiendra compte de leur nom et de leur patriotisme impuissant.

la confiance et les clameurs, sans montrer aucune de ses vertus, qui sont : le point d'honneur, le courage, l'esprit et la philanthropie. On pourrait encore lui reprocher l'ignorance et la médiocrité de la majorité de ses membres, défaut qui s'attribue à la défectuosité des élections privilégiées, qui privent la nation de son suc nourricier, c'est-à-dire de ses meilleurs sujets.

Tel fut leur aveuglement, qu'après avoir souscrit dans la charte l'égalité du droit des Français, ils admirent encore ce principe aristocratique qui donne à un petit nombre le droit d'être députés, et à un autre petit nombre celui d'être électeurs, abandonnant au mépris la grande partie de la nation, et se faisant ainsi l'organe d'une tyrannie qu'ils étaient chargés d'abolir.

Ils firent des contre-sens encore bien plus grossiers ; soit qu'ils fussent effrayés soit qu'il fussent enivrés des succès du peuple (émotions qui prouveraient toujours leur peu de fermeté), les plus influens se prirent à crier contre la légitimité du roi déchu, et n'eurent pas plus tôt été applaudis, qu'ils en firent asseoir un autre sur le principe qu'ils avaient détruit.

J'ai dit que la peur exerce son empire partout où il y a de l'ignorance et de la corruption ; j'ajouterai que son temple est la cour, et le souverain son idole; que les flatteurs en sont les prêtres, et notre liberté la victime que l'on y sacrifie. Charles étant parti, il s'éleva contre lui et sa dynastie des voix vigoureuses qui entraînèrent l'unanimité, parceque l'on pouvait parler raison sans crainte; mais un nouveau souverain étant là, il fallut trembler et abjurer le bon sens dont on avait fait preuve deux jours auparavant; on déclara donc qu'il régnerait encore dans sa postérité. La même faiblesse les rendait incapables d'un plan vaste et régulier; ils n'eurent pas l'esprit, eux représentans de la nation, de comprendre qu'ils étaient toute la nation; ils en vinrent à consacrer les prétendus droits de la pairie et ses privilèges indécens : l'autel de la peur, enfin, ne fut jamais entouré de plus nombreux sacrifices.

Mais tandis que je fais de la peur la base des gouvernemens monarchiques, et que je considère le trône comme le centre de toutes les frayeurs, en serais-je à l'abri moi-même, si ces pages que j'écris devaient être publiées? La peur ne se présenterait-elle pas, m'offrant d'une main un long avenir exposé à des persécutions, et de l'autre les flatteurs avantages que je pourrais espérer en lui faisant mon offrande, et en tremblant à l'unisson des courtisans? Si j'étais en présence de cette puissante idole qui porte la couronne, et que la solemnité de son culte vînt tout-à-coup se déployer à mes regards, n'inclinerais-je pas le front où réside ma fière intelligence, ne bégaierais-je pas la rétractation de Galilée(1)?... Non! Je sonde mon ame qui s'est parfois mesurée avec les évènemens de la vie, et je la trouve pure d'une semblable lâcheté. Nulle puissance, nulle surprise ne me feraient démentir la conviction de la vérité. En présence de ce nouveau roi, je lui dirais: « Sire, vous avez vécu « parmi nous en honnête citoyen durant l'espace de « plusieurs années, professant même une opinion « libérale; vous vous flattez d'avoir porté les « armes sous notre république, et votre père s'ef- « força de paraître un franc républicain. Pourquoi « avez-vous pris tout-à-coup le parti de devenir « un roi (2)? Ignorez-vous que ce titre est syno- « nime de celui de tyran que les anciens donnaient

(1) Chacun sait que Galilée ayant calculé que la terre tournait et publié sa découverte, tomba sous la tyrannie de l'Inquisition, et ne s'en délivra qu'en disant qu'il s'était trompé. Un certain Virgilius fut moins heureux que lui quelque temps après; il fut brûlé à Rome pour avoir osé dire, contre l'opinion de saint Augustin, que les antipodes devaient être habités.

(2) La justice et l'honneur nous défendent le crime;
Mais s'il conduit au trône, il devient légitime. (Euripide.)

« à ceux qui briguaient le pouvoir par adresse ou « par force, et rivaient la chaîne au cou des peu- « ples, pour en faire des galériens? N'avez-vous « jamais remarqué que les gouvernemens auxquels « vous prétendez assimiler le vôtre, sont contre « nature; que là où un seul peut exercer sur tous « sa volonté, il y a désordre et ineptie générale; « que l'État devient un théâtre de corruption et « de crimes, parce qu'un individu ne peut être le « maître d'un grand nombre qu'en leur dégéné- « rant le moral, et les abrutissant à la manière « des animaux? Enviez-vous donc le sort du czar, « celui du roi d'Espagne, ou de l'Empereur qui « porte la couronne des Césars; vous faudrait-il « des troupeaux comme ceux que gouvernent le « Pape et le Sultan? il n'y a point de milieu entre « la tyrannie et la liberté; le terme moyen que l'on « a assigné à votre royauté n'est qu'une illusion; là « où deux puissances sont en présence, il y a dé- « fiance réciproque, haine et rivalité; il est de leur « nature de chercher à se détruire mutuellement, « et chacune d'elles tirant de son côté par instinct « de conservation et d'accroissement, elles arri- « vent à rendre les peuples victimes de leur ambi- » tion. Je ne veux pas remonter bien haut l'histoire; « regardez ce qui arriva après que la Sainte

« Alliance nous eut ramené votre race, et placé « Louis XVIII sur le trône, et que nous reprîmes « le soi-disant chemin de la restauration avec une « *monarchie constitutionnelle*. La France semblait « en paix, et cependant elle était dans une agitation qui travaillait les bases de l'État. Le roi exerçant son influence sur la liberté, et la liberté « réagissant contre le roi, ont prouvé que ce sont « deux élemens incompatibles, et qu'il faudra toujours que l'un s'établisse sur les ruines de l'autre.

« Sire, les choses ne peuvent être désormais « sur un tel pied en France; le peuple est instruit, « et trouve tout-à-fait déraisonnable que les uns « veuillent s'élever au dessus des autres en dégénérant leur intelligence, ou au moyen des satellites qu'ils achètent du produit de leurs impôts. « Pourquoi donc vous vouez-vous à être cet élément de discorde qui cause le malheur et le déshonneur universel? Votre position d'ailleurs est « digne de pitié, vous devriez la sentir vivement, « vous dont le cœur est ouvert aux douces sensations du bonheur domestique; vous que l'on dit « bon père et bon époux. Autrefois votre palais « n'avait pas besoin de gardiens; vos nuits étaient « tranquilles; le cri du peuple n'inquiétait pas « votre conscience; vous ne redoutiez pas la

« pointe d'un poignard; vous alliez dans les rues « comme nous et vos yeux respiraient plus de « sérénité. Aujourd'hui, l'air soucieux, le front « pâle, vous vous félicitez d'une nuit de tranquillité « dans Paris; vous débattez votre mortel ennui « au milieu de quelques amis, et quand vous sor- « tez, vous vous efforcez de paraître à l'abri d'une « crainte qui ne vous quitte jamais; l'on vous couvre « du pesant manteau de la royauté, et vous voilà « forcé de faire le maître et de tout tenir dans l'es- « clavage pour le singulier plaisir d'être le seul de vo- « tre espèce, et de recevoir les fourbes éloges d'une « foule d'intrigans que vous méprisez et craignez « pour la plupart. Ce grand rôle, Sire, n'est pas d'un « homme sensé, et par conséquent de vous; passe « encore si vous eussiez été dénaturé dès le ber- « ceau comme les souverains qui naissent maîtres « d'un empire, et que vous ne sussiez pas ce que « vous faites; vous pourriez vous croire une por- « tion de la divinité descendue d'en haut pour « faire ici bas son jouet des humains, et vous dire: « Tout cela est à moi; comme vos prédécesseurs « et vos collègues contemporains. Mais vous n'êtes « pas né sur le trône; en votre qualité de duc, vous « avez tout au plus été à même de dire: Mes paysans « d'ici, mon village de là; serait-ce à l'école de

« l'aristocratie que vous auriez pris du goût pour un « trône ?.. Nous ne portons pas la défiance jusqu'à « penser que vous n'ayez pas été un loyal Fran- « çais avant votre élévation ; mais il fallait conti- « nuer à en donner la preuve, et lever le soupçon « qui n'aura vu en vous qu'un hypocrite travaillant « à faire tomber en son pouvoir le sceptre d'un pa- « rent dont il était jaloux. Je vous dis ces vérités « avec le calme que l'on puise dans la contempla- « tion des orages du monde ; je suis de ceux qui « font la guerre en raisonnant, et se flattent que, « sans être meurtrières, leurs armes font tomber » les tyrans. Cessez donc d'être un obstacle à l'uni- « verselle civilisation ; élevez-vous jusqu'au noble « rôle de dispensateur de ses bienfaits ; rendez au « peuple Français sa liberté, et ne prétendez pas « qu'il vous l'ait mise entre les mains, car une cen- « taine d'hommes ne sont pas la nation. Notre ser- « vitude ne peut être qu'à l'avantage des hommes « corrompus qui vous portent à la réaliser, car si « nous avons la chaîne au cou, il faut que vous « l'ayez à la main, et que vous soyez esclave aussi « bien que nous.

« Sire, vos ministres se sont montrés des hom- « mes sans honneur et sans probité ; je vous pré- « viens que de tout temps on a dit : tel maître tel

« valet, tel ministre tel souverain (1). D'ailleurs, « votre position est fausse et défectueuse, et vous « aurez bien de la peine à y tenir. Si vous faites « la guerre aux autres monarques, vous risquez « de voir tomber toutes les couronnes sans pou« voir trouver une garantie pour la vôtre. Si vous « ne la faites pas, vous indignez la partie la plus « vigoureuse de la nation, et vous savez qu'il ne « faut qu'une matinée pour vous conduire à la « place Louis XVI, ou au port de Cherbourg. « D'un autre coté, les carlistes compliquent votre « affaire, vous n'êtes pas encore bien sûr de les « apprivoiser. Il faut donc que vous reconnaissiez « qu'il n'existe que deux opinions qui puissent « se réaliser, celle des peuples républicains et « celle des trônes héréditaires. Si vous épousez la « cause des peuples, faites-vous peuple vous-même, « et laissez à la nation le soin de ses intérêts. Si « vous préférez la cause des rois, descendez du « trône et faites place à quelqu'un de ceux qui ont « en leur faveur les préjugés de la naissance. Toute « hésitation de votre part est une opposition trop « directe à votre destinée; placé au centre de la

(1) *Ad consulatum non nisi per Sejanum aditus; neque Sejani voluntas nisi scelere quærebatur.* (TACIT.)

« balance qui contient d'une part la raison hu-
« maine, et de l'autre le poids du fanatisme, votre
« personne ne saurait remplacer ni l'un ni l'autre
« de ces deux systèmes; car l'un vous repousse,
« tandis que l'autre est incompatible avec la digni-
« té dont vous êtes revêtu. Vous avez prétendu
« éviter la guerre et arrêter là l'essor qu'avait pris
« la liberté, pour établir tranquillement votre dy-
« nastie; cette manœuvre n'aura qu'un succès tem-
« poraire. Outre que le peuple français n'est plus
« fait pour des dynasties, vous jouez gros jeu en
« exposant la vôtre à lutter contre notre dévelop-
« pement moral. Les souverains ont résolu d'é-
« touffer le libéralisme jusque dans son germe, et
« nous avons fait le projet, nous, de détruire jusqu'à
« sa racine toute espèce d'illégale domination. Non
« seulement vous n'éviterez pas la guerre, mais
« après nous avoir forcés à faire tant de sacrifices
« et fait perdre la confiance des peuples qui nous
« tendaient la main, la France sera encore obligée
« d'accepter sur les frontières la défense de ses
« foyers, et tout cela pour votre bon plaisir et
« les courtes mires de votre ambition. Alors,
« les avantages que vous aurez cru réunir à votre
« héritage n'auront fait que perdre ceux à qui vous
« le destinez, car si une fois la nation ou vos faux

« frères de rois en venaient à se faire justice envers « vous, peut-être qu'après comptes rendus, le ridi- « cule et la misère seraient tout l'apanage de vos « héritiers. Ne feriez-vous pas plus sainement de « fonder leur élévation future sur leur modestie « présente, et d'en faire de simples et bons ci- « toyens ? Sire, que l'or que vous possédez ne soit « pas pour leur jeunesse un sujet de corruption ; « ôtez-leur ces titres vains de duc d'ici et de là ; « vous n'êtes plus au temps des Goths et des Lom- « bards, les générations présentes proscrivent « toute ombre de féodalité.

» Quant à vous, Sire, vous êtes maître encore de « prendre dans l'histoire la place d'un grand « homme, et de réaliser les nobles vœux que les « empereurs Dioclétien et Julien (1) regrettaient

(1) Dioclétien portait avec dégoût le poids de la couronne, et voyait avec peine le dépérissement continuel de l'empire romain, depuis que les jours de la république étaient passés. Il lutta contre le christianisme avec une énergie qui répugnait à son naturel ; mais voyant enfin que la corruption ne permettait plus aux Romains de jouir de leurs antiques privilèges, il abandonna les rênes de l'état pour se retirer sur les bords du golfe de Lépante, où il cultivait son jardin. Des débris de l'architecture de son palais que j'ai vus près de Salona, prouvent que l'art avait déja beaucoup dégénéré de son temps.

L'illustre Julien chercha à rendre au sénat romain son antique splendeur, mais il ne trouvait partout que de lâches esclaves incapables des vertus du citoyen. Il refusa toujours le titre de *Dominus*

« de ne pouvoir accomplir en faveur des Romains, « lorsqu'une nouvelle religion en avait déjà fait de « vils esclaves. Rendez à la nation le dépôt pré« cieux de sa liberté, ayez la force de lui dire que « vous refusez un droit contre nature que les cir« constances ont fait tomber entre vos mains. « Soyez plus que roi des Français, soyez leur père, « le chef de leur philosophie, en leur enseignant « leur dignité. Pour reconnaître une telle généro« sité, la faveur de la nation s'étendra sur votre « famille; après vous, elle voudra un de vos fils « pour l'exécuteur suprême de ses lois, et vous, « au dessus de toute autre gloire, vous pourrez « vous promener parmi nous, et recueillir, sans « crainte, les hommages d'un peuple heureux et « reconnaissant. »

« Voilà ce que je dirais au nouveau souverain, « persuadé que la franchise est la vertu de l'hon« nête citoyen; et, s'il méprisait ces paroles, j'ajou« terais.... Vous êtes un Bourbon!

qu'avaient porté ses prédécesseurs. S'il n'eût pas péri à la fleur de l'age, cet homme extraordinaire eût sans doute changé le sort de l'univers.

Le christianisme s'est appliqué à noircir la réputation de ces deux empereurs. Ce dernier fut l'honneur de la philosophie et de l'humanité.

CHAPITRE III.

Le gouvernement centralise tout. — Embarras pour l'année prochaine. — L'impôt ne sera voté que conditionnellement, — Elémens de discorde dans l'Etat. — Toutes les opinions se réduisent à deux principales, celle des oppresseurs et celle des opprimés, soit de l'esclavage et de la liberté. — Les aristocraties prêtes à se réconcilier avec la royauté si elle parvient à se donner un caractère capable d'assurer leurs priviléges. — Examen historique des monarchies et des gouvernemens religieux. — Impossibilité dans laquelle est une monarchie de faire la prospérité d'une nation.

La cession de 1830 avait été au gré du gouvernement; il avait l'argent avec l'autorité, et la facilité de se faire des créatures et de tout réunir à soi. Le ministère de l'intérieur devint rapidement le centre de tous les pouvoirs, et ne négligea rien pour que toutes les administrations, jusqu'aux mairies de campagne, devinssent des subdivisions de ses bureaux. Au moyen de la sujétion à laquelle il avait tout réuni, et des espérances de guerre qu'il laissait encore apercevoir au peuple, il put exercer impunément cette force d'inertie qui consume les ressources de l'état, sans amener ni la guerre ni la paix, et à la faveur de laquelle les partis subalternes n'ont fait que se fortifier dans leurs moyens de perturbation. Aujourd'hui qu'une nouvelle chambre va se réunir, comment les ministres comparaîtront-ils devant elle, comment répondront-ils à ses questions? Quel compte ont-ils à rendre de l'emploi du temps, et du produit des impôts onéreux que nous payons; où sont la paix et la prospérité qu'ils nous affirmaient avoir à leur disposition; où est cette confiance publique qui devait ramener un commerce universel; où sont ces applaudissemens que les rois du nord devaient donner à notre révolution?

L'année dernière, au milieu des embarras où l'on se trouvait, l'effronterie tint lieu de bonnes raisons, mais ces moyens pourraient-ils réussir aujourd'hui? Une nation abusée une première fois, trouve son excuse dans sa loyale confiance; mais à une récidive il y aurait de sa part un ridicule et une lâcheté dont les Français sont incapables.

Cependant, l'année présente s'écoule, et les fonds se consomment; le gouvernement espère-t-il que le budget sera voté au gré de ses désirs? S'il était possible que la nouvelle chambre renfermât une majorité capable de créer de nouvelles charges ou même de consentir l'augmentation de l'année dernière, elle sait d'avance que la nation désapprouverait un tel acte ; qu'elle pourrait tout au plus s'y prêter conditionnellement, et avec l'assurance que l'édifice social serait repris par sa base, et que ses tributs seraient employés de manière à ne point laisser de doute sur son avenir. Il faudrait, en un mot, que le gouvernement subît une entière réorganisation, telle qu'elle pût être le type de la liberté universelle et la garantie des peuples qui réclameraient notre union. Nos armes seraient destinées à favoriser cette large conception qui seule peut nous procurer une paix durable, un commerce général, et une confiance bien fondée. (1) Que peut-on espérer, tant qu'il y aura dans les états un grand nombre de petites puissances foulant le peuple dans leurs querelles, comme autant d'élémens hétérogènes dont la guerre ne peut finir que lorsqu'un deux aura anéanti tous les autres.

(1) Ceci était écrit avant que le budget de 1831 fût voté ; je n'y changerai rien ; je veux que cette page atteste que je n'aurais jamais pu croire qu'il se trouverait à la chambre du peuple une majorité assez vile pour consentir les listes civiles et les impôts. Puisse tout Français s'indigner comme moi de la corruption des hommes qui se vendent au ministère ; puisse le temps faire reconnaître la nécessité de mettre les députés faibles dans une aisance qui les protége de la séduction et les rallie à l'intérêt populaire.

Or il y a aujourd'hui en France plusieurs de ces élémens s'agitant dans le vide pour trouver un point d'aggrégation. Mais il n'y a au fond que deux opinions principales auxquelles les petites viendront toujours se réunir : elles sont celles de la royauté ou des oppresseurs et celle de la république ou des opprimés. Il est des hommes qui ne se figurent pas d'autres moyens d'industrie et d'élévation personnelle que la dégradation de leurs semblables, et qui sont prêts à se faire esclaves pourvu qu'ils puissent eux-mêmes exercer une autorité directe. L'ignorance, le bas orgueil, l'égoïsme et la dureté les caractérisent; ils sont dans les prêtres, les nobles ou ceux qui se croient tels, et quelques créatures fainéantes, nourries des miettes de leur pain. Ces castes furent de tout temps les instrumens des divers genres de despotisme, semblables au vil chacal qui ronge les reste de la proie qu'il a fait tomber au pouvoir du lion.

C'est en vain que ces factions sont aujourd'hui soulevées contre le roi Philippe et qu'elles travaillent à miner son trône, si un jour ce nouveau parvenu venait à bout de se donner un caractère, et de les rassurer sur la possession de leurs privilèges, ils se rangeraient servilement et à l'envi autour de lui ; les hommes les plus rusés de ces partis ont déjà su prévoir ces choses, et se faire porter aux premières charges de l'État. Quand Bonaparte fut parvenu à se faire empereur, et eut donné des preuves d'une franche tyrannie, toute la noblesse, qui avait été furieuse contre lui, les prêtres qui l'avaient appelé l'antéchrist, eurent bieutôt oublié leurs Bourbons. Il faut donc regarder tous ces partis de prêtres, de carlistes ou chouans, de bonapartistes même s'il en existe, et de Saints-Simoniens (1), comme ayant un but de même nature, celui de la domination ; car pour eux il ne s'agit que de la personne du tyran. Si Philippe ou sa dynastie pouvaient réaliser le projet de vaincre et attérer la nation, leur réunion à ce monarque serait sincère aussi bien que celle des souverains étrangers ; ils travailleraient tous en parfaite harmonie à abrutir le genre humain.

Quand il s'est agi de renouveler les administrations, le gouvernement avait déjà prévu tout cela. Aussi, bien loin d'opérer un changement général

(1) On ne prête guère d'attention à ces bons prêtres de Saint-Simon ; ils valent cependant bien la peine qu'on leur dise que leur sentimentalisme est ridicule et trompeur, et que nous n'y voyons qu'un jésuitisme déguisé ; ce qu'ils nous présentent de bon n'est pas nouveau, et ce qui est de leur invention n'est pas bon du tout.

dans la personne de ses membres, et lui donner par là un caractère neuf, il n'élimina des places qu'une partie des créatures de Charles X, et conserva tout ce qui lui parut assez intelligent pour se prêter à sa cabale et convertir plus tard les nouveaux arrivés. Il craignit même d'étouffer tout-à-fait dans le midi l'esprit fanatique de royalisme qui y règne, dans l'espérance de se le réconcilier un jour, et le faire servir à ses projets. Ces partis semblent exister indépendamment, mais il n'en est point ainsi, car sans royauté point de noblesse; sans noblesse point de roi, et sans prêtres, ni noblesse ni royauté. Il est donc nécessaire que les castes aristocrates se réunissent au trône, dont elles sont des membres indissolubles, et forment avec lui une étroite trinité.

En face du parti oppresseur se présente le grand parti de la nation, dont les simples vues sont au moins à l'abri de tout soupçon. Les hommes qui le préconisent et le défendent, font consister leur ambition à ne rien vouloir pour eux-mêmes qui ne soit aussi pour les autres. Enfans d'un même créateur, les hommes sont égaux à leurs yeux et appelés à jouir de droits semblables sur la terre. Instruits par le malheur des temps passés et les défauts de l'humanité, des obstacles que les passions individuelles apportent à l'exercice de la puissance d'un seul, ils se déclarent, eux et tous les autres hommes, incapables de gouverner par leur individuelle capacité. Ils sont persuadés qu'il n'y a qu'une puissance sans passions qui puisse gouverner sagement; cette puissance c'est la loi, unique souveraine jugeant sans haine et sans amour; être impassible créé par la réunion des citoyens, dans le calme de la réflexion, et composé de ce que l'esprit des hommes expérimentés mis en commun, a pu produire de plus parfait. Loin que dans le parti de la nation quelqu'un prétende à dominer les autres, tous entendent que la nation seule soit tout, et que personne ne soit excepté de ce tout. Le mépris, la jalousie, l'arbitraire en sont bannis; l'union en fait la force et la prospérité; c'est une grande famille dont la loi est une mère sans vices et sans préférences; ses faveurs sont d'imposer au plus capable le devoir d'exécuter *précisément* ses ordres et de servir la nation. Les soutiens de ce parti sont: l'homme qui a lu l'histoire et étudié les inclinations du cœur humain; le négociant expérimenté qui sait qu'à moins d'une ferme union il ne peut exister un commerce sûr et étendu, et qui voit bien que cette union n'est certaine qu'étant conditionnée sur les générales nécessités; le littérateur, l'artiste, l'ouvrier qui sentent que sans les sciences, les beaux-arts et l'industrie tout languit, tout se décolore et tombe dans l'avilissement.

Tels sont les hommes de l'opinion nationale; ils ne peuvent pas non plus exister indépendamment; car sans l'instruction point de liberté; sans liberté point d'instruction ni de commerce; et sans liberté, instruction, commerce, point de nation. Voilà donc les points éloignés où tendent tous les partis, les uns à la royauté, les autres à la nation, deux extrêmes dont les intérêts sont directement opposés.

Un troisième parti, qui n'en mérite pas le nom, se trouve encore sur la scène du monde; c'est celui des tranquilles, qui voudraient la paix, le repos et le bonheur, et ignorent les moyens de les réaliser. Ils ne perdent pas la mémoire des maux dans lesquels le feudalisme tenait asservis leurs aïeux, mais le mot seul de révolution les épouvante; ils voudraient que le mal n'eût pas lieu; mais interrogés sur les moyens de le prévenir, ils n'ont que le sentiment de la probité à invoquer sans aucune opération de raison. Semblables à des infirmes sans courage, ils aiment mieux rester avec leur mal que d'être dérangés pour recevoir quelque soulagement. Leur imagination est un miroir qui réfléchit toutes les fantasmagories de la crédulité; le mot *république* leur dépeint un grand mouvement d'hommes qui veulent tous être maîtres les uns des autres, où le plus fort doit finir par faire la loi. Les droits de la propriété vont être violés, les pauvres voudront prendre leurs biens ou les partager avec eux; la liberté donnera *au peuple* (1) le droit de leur dire *des sottises*; on ne distinguera plus les *gens comme il faut*; on détruira la religion, et le ciel s'écroulera peut-être, faute du soutien des mortels, etc... De semblables inepties ont pris racine dans un grand nombre d'esprits stériles qui négligèrent toujours de s'instruire sainement et sont tombés sous l'influence des légendes romanesques de la chevalerie et de la religion. Luttant sans cesse entre la crainte du mal et le désir du bien, les gens de ce parti impuissant ne sauraient se rallier à aucune des opinions fondamentales. Le présent est tout pour eux; ils se jettent avec leur ignorance et leur entêtement sur la voie de nos discussions pour avoir la satisfaction

(1) J'ai souvent remarqué de médiocres bourgeois ne pas se croire le *peuple*, mais quelque chose de plus. Se rengorgeant dans une aristocratie à part, ils promenaient déjà un regard superbe au-dessous d'eux; et satisfaits de leur liberté de ne pas croire au culte, ils disaient : Il faut une religion pour maintenir le *peuple*, etc.

de se conformer au proverbe qui place *le bon parti* dans un *juste-milieu.*

Quoique nous ayons considéré les partis de l'oppression comme inséparables, ce n'est pas qu'ils n'aient souvent essayé de régner les uns sur les autres, car la haine et la rivalité naturelle à tous les pouvoirs qui existent dans un même état, n'est apaisée que par le besoin de leur soutien mutuel. Ils donnèrent quelquefois des lois au monde séparément, et l'on ne peut se méprendre sur le degré d'influence qu'ils eurent sur les nations. Admettons toutefois qu'*une institution pour être bonne, doit tendre à la prospérité et à la dignité du genre humain.*

Mais les appellerons-nous à comparaître successivement devant nous? Remontant les pages de l'histoire, examinerons-nous ces temps où la malédiction d'un pontife abattait Saül de son trône; ceux où un pape présentant à baiser son pied à un empereur chrétien, faisait rouler à terre la couronne qui lui ceignait le front. Rappellerons-nous ces moines par l'ordre desquels deux rois d'Espagne sont arrachés à leur tombeau pour comparaître devant leur redoutable inquisition? Citerons-nous quelque exemple des souverains réagissant contre les chefs de cette superbe église, s'en faire justice par la corde ou le poison, ou quelques-unes des ligues de la noblesse détrônant les rois, et les uns et les autres se jouant du sang de nos infortunés aïeux !... Ces détails du moyen âge sont trop hideux à la description ; qu'il nous suffise de prouver que les monarchies et tous les gouvernemens arbitraires et religieux ont dans tous les temps traîné les hommes à la dégénérescence et à l'abrutissement ; et pour cela parcourons les annales des temps qui nous ont précédés.

L'antique monarchie de la Chine, depuis plusieurs milliers d'années, n'a point subi de renversement ; contemplons ce vaste empire, que la servitude et la superstition ont réduit à ne paraître que l'ombre d'un monde anti-diluvien. Il peut passer pour le plus anciennement constitué ; il possède dans sa littérature une philosophie et une morale qui n'ont pu être que le produit d'une civilisation détruite depuis long-temps. Les objets d'art que nous y avons trouvés ne sont que des reliques de générations qui furent plus éclairées et plus heureuses. Ce qui le prouve, c'est qu'il n'y a plus parmi les Chinois aucune impulsion créatrice d'industrie, et que de mémoire historique ils ne font aucun progrès. Ce qui nous a étonné davantage chez les Chinois, c'est d'y rencontrer la boussole et l'art de l'imprimerie; eh bien! ils ne croient pas que l'aimant se dirige au nord (1), et ils ont ignoré jusqu'à nous l'art de la grande navigation. Celui de communiquer la pensée par la presse, est plutôt tombé en désuétude qu'encouragé à se perfectionner. Nous trouvons dans un de leurs livres les plus anciens (2) des descriptions d'armes et de machines de guerre, et des narrations de combat qui nous montrent qu'ils connurent la poudre à canon et en firent le même usage. Cependant ils avaient déjà ces connaissances-là, aussi bien que beaucoup d'autres, lorsque nos voyageurs pénétrèrent chez eux; elles n'ont subi aucune amélioration. Qu'est-ce aujourd'hui de ce vaste empire de la Chine? un pays et rien de plus. Que sont ses peuples ignorans? un troupeau de stupides esclaves prosternés devant la statue de leur empereur ou une image du soleil, ne connaissant d'autre commerce que celui que nous les forçons pour ainsi dire de faire avec nous sur leurs côtes, où voguent les vaisseaux de nos pays qui ont subi des révolutions.

Le peuple hébreux, après s'être séparé des Ara-

(1) *Travel of Macartney by China.*

(2) *L'Art militaire chinois*, trad. d'Amiot.

bes-Phœniciens dont il est une branche, (1) eut toujours un gouvernement monarchique et sacerdotal. Quelle fut et quelle est encore sa destinée ; il eut des aventures, il en a encore ; mais son obscurité fut telle, qu'au temps de Pythagore ou du développement des lumières en Grèce, il était absolument ignoré. (2) Solitaire et dévôt, il rampait sous le polythéisme, remplissant son histoire de lamentations sur les malheurs qu'on éprouve en passant d'un esclavage à un autre, et invoquant vainement le dieu des armées, jusqu'à ce qu'enfin il fut rayé de la liste des nations et offrit la preuve la plus complète qu'un système monarchique et religieux ne peut fonder organiquement un État ni le conserver.

(1) Les Hébreux avaient habité la Phœnicie sous le nom de *Cananea*, et la langue hébraïque est appelée de ce dernier nom par Isaïe (chap. XIX). Que les savans et les théologiens ne s'étonnent pas de ce que Jonathas, écrivant au roi de Sparte (livre des Machabées), lui rappelle leur commune origine. Suidas, Attellis et le fameux Samuel Bochard, ont clairement prouvé la fraternité des Phéniciens et des Hébreux, et s'il s'agissait ici d'un ouvrage historique, je pourrais ajouter des observations personnelles qui sont conformes à l'opinion de ces écrivains.

(2) Josèphe justifie l'obscurité de sa nation par la loi tyrannique qui faisait un devoir aux Juifs de vivre isolément et de ne point communiquer avec les autres peuples, considérés comme vils et ennemis de Dieu. Quelle politique !... Telle est encore celle du christianisme.

Les monarques de la vaste Asie firent assez d'étalage de leur prétendue pompe et du nombre de leurs sujets, mais ils passèrent sans aucune conséquence avantageuse au genre humain. Les Perses même crurent vainement florir sous la philosophie du Zend-Avesta ; (1) pour excellente qu'elle

(1) Le Zend-Avesta est l'évangile de Zoroastre, écrit en langue zend que parlaient antiquement les Perses, et dont il reste encore des idiomes en Géorgie.

Si un système religieux et monarchique eût pu devenir la véritable base d'un état, c'eût été celui de ce célèbre législateur, plus de six siècles avant J. C. Son grand article de religion est, comme on le sait, la doctrine des deux principes du bien et du mal, ou *Ormuzd* et *Arrhiman*, dont les chrétiens ont fait Dieu et le diable spéculant chacun de leur côté sur les inclinations du genre humain. La doctrine de Zoroastre n'a rien d'impolitique ; il conçoit l'être suprême aussi sublime que l'univers et l'appelle le temps, l'immensité. Des temples sont trop étroits pour le culte qu'il rend à l'éternel ; la plus haute montagne est l'autel devant lequel il veut l'adorer. Le jeûne lui parait odieux ; il ne voit pas de plus grand mal que d'acheter les faveurs divines ; car, dit-il, c'est mépriser les dons de la providence. Il ordonne à l'homme pieux d'engendrer des enfans, de planter des arbres, de tuer les animaux nuisibles, d'arroser le sol de la Perse, et de travailler à l'œuvre de son salut, en travaillant la terre. Celui, dit-il, qui sème des grains avec soin et activité en amasse plus de mérites que s'il avait répété dix mille prières. (*Zend-Avesta.*)

Tous les ans il faisait célébrer une fête nationale destinée à rappeler l'égalité naturelle des hommes. Les superbes monarques de la Perse descendant du trône se dépouillaient de leur vaine pompe et paraissaient confondus parmi leurs sujets ; le laboureur admis à la table de son souverain pouvait lui parler de ses besoins. Mais des principes si sages portaient l'empreinte de la stérilité, parce qu'ils n'avaient d'autre appui que le ciel et les monarques qui en étaient eux-mêmes les interprètes, au lieu d'être fondé sur le droit public

fût, elle n'en donnait pas moins prise au despotisme, étant une affaire de religion. Les successeurs de Zoroastre en eurent bientôt fait un instrument de tyrannie : les mages furent bientôt de petits souverains dont le règne corrompu en amena la fin.

La Grèce fut envahie et périt après que les généraux d'Alexandre, se l'étant divisée, se prirent à la gouverner en souverains : l'empire romain tomba sous la domination des Césars, et son histoire, depuis la chûte de la république, n'est qu'une longue et pénible agonie. Portons maintenant nos regards sur ces vastes contrées de Scythie d'où sortirent

de chaque citoyen. Aussi, lorsque laissant le zend-avesta, nous prenons la légende des mages ses successeurs, nous y trouvons bientôt les preuves de la corruption de sa doctrine. Que vos bonnes œuvres, est-il dit dans le *Sadder*, surpassent en nombre les gouttes de la pluie, les sables de la mer ou les étoiles du firmament, elles ne vous seront pas profitables que le Destour (prêtre) ne daigne les approuver. Vous ne pouvez obtenir une pareille faveur qu'en payant fidèlement à ce guide du salut la dîme de vos biens et de votre argent. Si le Destour est satisfait, vous serez comblés d'éloges dans ce monde et vous goûterez dans l'autre un bonheur éternel, car les Destours sont les oracles de la divinité.

(Le Sadder, art. 8 trad. d'Anquetil.)

On voit par là que toutes les religions ont le même mode de dégénérescence, tandis qu'avec le temps, le système légal va toujours en se perfectionnant. La religion tourne toujours au bien particulier. la loi mène toujours au bien général.

tant de peuples qui tous se réunirent sous des potentats, infectant l'Europe du système de féodalité. Que sont les Russes, ces serfs d'un seigneur absolu ? Quel nom donnerez-vous à ces Autrichiens qui se font les instrumens aveugles de leur propre servitude, et, qui meurent pour un chef qui les méprise, et joue avec leurs têtes les chances de son ambition ?... Ces peuples sont ce que furent nos aïeux, lorsqu'un double servage enchaînait leurs bras et leur raison. Jamais le nom de patrie ne leur fut connu ; ils se rallient au vain nom d'un homme, pour se jeter comme des masses inertes sur le chemin de notre avancement. Quel citoyen voudrait être ignorant et supertitieux comme un Musulman ; (1) quel peuple voudrait n'avoir d'autre pays que celui que gouverne un apôtre de l'évangile? Est-il quelqu'un qui puisse dire que l'Espagne ait jamais été une nation heureuse, et qu'elle ait mis à profit les germes d'instruction que lui portèrent les Sarrasins! Qu'a-t-elle fait de tout l'or du Pérou? elle n'a pas même pu conserver cette conquête du crime et du hasard. Placée sous le ciel le plus fertile et dans la position la plus opportune au com-

(1) Musulman signifie *résigné* ; servile par conséquent ; et c'est un honneur national que d'être tel à Constantinople.

merce, cette monarchie religieuse n'a pu éviter la misère et la dépopulation.

Contemplerons-nous au moyen âge la Grèce et l'Italie, noms doux, noms gracieux pour l'ami des beaux souvenirs? Hélas! que devinrent-elles ces contrées aimables sous les empereurs énervés de Constantinople, et lorsque des papes s'allièrent à ceux de France et d'Allemagne pour les dominer! qui leur rendra leurs sciences, leur philosophie, leurs beaux-arts; qui relèvera leurs monumens sur lesquels passe impunément le temps et que la seule rage du fanatisme a pu renverser? Est-il besoin de rappeler les temps de leur antique prospérité, est-il besoin de comparer les siècles des Grégoire à ceux des Périclès!...

La France et l'Angleterre ont compté plus de mille ans avec leurs rois; qu'était-ce de ces pays il y a seulement cinquante ans; qu'était-ce de leurs peuples avant que la philosophie, réchauffée au sein des républiques italiennes du moyen age, ne passât les Alpes et trouvât des interprètes dans Newton, Descartes, Rousseau, Voltaire, Bonnet, Buffon, Copernik, etc. (1)? Si la Suisse, la Hol-

(1) Les sciences en général reprirent leur cours à Florence, à Bologne, à Venise, après l'établissement des républiques, du temps de Boccace

lande et quelques états d'Allemagne semblent depuis quarante ans sortir de leur sordide ignorance, n'est-ce pas depuis que la réforme des protestans émousse l'influence destructive du christianisme, et que la monarchie de Louis XVI tombant tout-à-coup, le flambeau de la liberté française jeta sur nos frontières les étincelles brillantes qui allumèrent le génie de tous les pays?

Il est des monarchies auxquelles on a fait l'honneur d'attribuer tout le mérite de leur temps. C'est ainsi que l'on a dit le siècle de Louis XIV, parce que ce roi despote et débauché a régné à l'époque où la philosophie qui devait faire tomber les couronnes commençait à se faire jour; de même que le pape Léon X, pour être luxurieux, reçut les

et Pétrarque. Mais si nous voulons remonter à la renaissance de la philosophie proprement dite, c'est Giordano Bruno qu'il faut regarder comme en étant le véritable auteur, et le plus grand homme de son siècle obscur. Ce philosophe vraiment éclectique remit l'esprit humain dans la voie du raisonnement par son écrit intitulé; *De umbris idearum implicantibus artem quœrendi.* Il établit, dans cet ouvrage, l'art de raisonner et de parvenir au vrai. Il nous reste aussi de lui *Lo spaccio della bestia triomphante.*

Ce n'est pas trop faire l'éloge de cet auteur que de dire que Malbranche et Obes ont puisé dans ses principes, et que Spinosa n'a guère fait que les développer. Giordano Bruno était né à Nola, vers le milieu du 14e siècle. Il fut victime des poursuites de l'inquisition, et brûlé à Rome pour avoir négligé de fuir.

honneurs du siècle de Michel-Ange et de Raphaël ; ces fils des libertés italiques de quinze cent.

Ce serait donner trop d'extension à un sujet qui réclame la brièveté, que de démontrer combien furent absurdes les flatteries qui détournèrent ainsi le sens de l'histoire. Continuons à examiner l'influence des monarchies sur la société : prouver tout ce que l'on avance, c'est remplir le premier devoir d'un écrivain.

La monarchie étonnante de Napoléon fut trop courte pour être nuisible à la civilisation. Né de la révolution, il dut, malgré lui-même, être le propagateur de l'universelle liberté, car son ambition ne put employer que les moyens de libéralisme, c'est-à-dire de développement moral. Forcé d'user pour son propre compte des principes républicains, dont il avait senti la supériorité, tandis que son pied foulait la tête de la république, il dirigeait ses efforts mourans contre l'Europe, et en cela il imitait les premiers Césars. Les hommes qui servirent ses projets et l'aidèrent à s'élever si haut, avaient puisé dans la source commune l'impulsion du génie et des talens ; ils étaient des enfans de nos victoires, et du règne de la loi. Mais si le despote eût régné davantage, il nous imposait une dynastie d'autant plus redoutable, qu'elle reposait sur l'admiration des peuples, qu'aveuglait l'éclat de ses talens.

Il n'est pas nécessaire de parler longuement de la monarchie, qui après lui nous apporta la *restauration*. Nous avons touché du doigt les bords de l'abîme où elle nous conduisait. Où en serions nous maintenant, si les chances de juillet eussent tourné à notre désavantage ; si, par un prompt et vigoureux effort, nous n'avions suspendu le coup fatal, et fait sentir les forces de la nation ? Que devenons-nous encore aujourd'hui, après que deux jours de liberté nous ayant donné le premier rang parmi les peuples, nous avons reçu dans notre sein une perfide royauté? Un avenir peu éloigné doit répondre à cette question ; la France ne peut rester dans une situation équivoque ; au premier ou au dernier rang, voilà son irrévocable destinée.

Tant d'expériences réunies prouvent irrévocablement que les nations dont le salut repose sur un seul individu sont dans un état toujours précaire et dépérissant. La première raison en est que l'intelligence d'un homme ne peut se mesurer avec l'étendue des besoins d'un peuple ; la seconde que ses actes porteront toujours l'empreinte des passions et de la faiblesse humaine. De quelque manière qu'il entende faire pour le bonheur de ses sujets, les contrariétés, les maladies qu'il peut avoir à essuyer, les conseils et les affections dont il est susceptible, le feront toujous pencher à subvertir la justice par instinct de conservation. Le troisième motif, c'est qu'il ne peut communiquer avec tous ses sujets, ni connaître tous les détails qui composent la politique de ses états, et que, faute de tels moyens qu'une seule tête ne peut réunir, il est obligé d'énerver les peuples pour maintenir son équilibre politique, et d'enchaîner tous leurs moyens d'extension, semblable au geôlier qui met les entraves à des prisonniers et les resserre dans des murs étroits, pour s'assurer d'avoir à lui seul plus de forces qu'un grand nombre de ces malheureux. Mais comme il ne peut pas lui-même exercer une violence si générale, il faut qu'il appelle à son aide les ministres de la superstition, et ceux de ses sujets qui sont assez intéressés à son système pour dévouer leurs bras à tout comprimer. Les premiers, agissant sur l'esprit des peuples, y étouffent le POURQUOI mobile de toute instruction raisonnable et de tout développement intellectuel, et y substituent des erreurs et des craintes, qui font de l'ame l'asile du doute et du découragement, et par suite du fanatisme. Les seconds trouvant leur autorité consacrée par ces préludes n'ont plus qu'à l'exercer arbitrairement sur une foule servile, dont une partie est prête à massacrer l'autre pour le trône et l'autel, qui n'ont aucun rapport avec leurs intérêts. Voilà le but dont j'ai démontré la tendance et auquel un pays perd le titre de nation, et l'homme celui de citoyen.

Il ne faut toutefois attribuer de si funestes abus qu'à la mauvaise qualité des institutions, et à l'ignorance sans laquelle le crime serait à peine connu, et croire que des hommes nés pour les vertus en sont souvent les aveugles instrumens. C'est pourquoi, au lieu de s'irriter les uns contre les autres, on doit porter ses vues sur une organisation fondamentale qui réunisse toutes les qualités des bons gouvernemens qui nous ont précédés, en élimine les mauvaises et puisse donner aux nations un bonheur assuré. La monarchie est condamnée par les défauts de l'humanité à ne pouvoir remplir un tel objet; car, le prince fût-il aussi vertueux que Marc-Aurèle, rien n'empêcherait l'état de tomber entre les mains d'un Commode; et fût-il même succédé par un Pertinax, un crime semblable à celui qui priva Rome d'un tel souverain l'exposerait toujours à devenir la proie d'un génie intrigant. D'ailleurs, combien de Tibère, de Caligula, de Néron, avant qu'il plaise au hasard d'envoyer aux peuples des Adriens et des Antonins!...

CHAPITRE IV.

Défauts des antiques républiques. — Prospérité et développement général qui résulta de ce genre d'institution, malgré ses défectuosités. — Examen historique des républiques qui ont existé, et de leur influence sur les nations.

Des républiques remplirent quelquefois les lacunes que nous avons laissées en faisant l'examen des monarchies. Nous allons remonter de nouveau l'histoire, et, par un même genre d'observation, nous assurer que l'esprit de ces institutions fut toujours de créer et d'accroître aussi rapidement que les monarchies avaient détérioré et détruit. Nous les verrons toujours s'élever avec des révolutions que l'inorganisme despotique avait nécessitées. Si leur instabilité se démontre en même temps à nos yeux, comme celle de la plupart des choses humaines, nous en chercherons la cause, et nous la trouverons encore dans une imperfection du genre de la tyrannie. Les républiques de l'antiquité eurent cela de défectueux, qu'il y eut tout à la fois dans leur sein des esclaves et des classes privilégiées. Un tel défaut laissait un faible dans leur constitution et les exposait à devenir la proie des partisans qui avaient à venger une condition méprisée. Ceux-ci devenaient les instrumens des intrigues d'un Pisistrate et d'un César, qui en leur promettant la liberté les subjuguaient et l'état entier avec eux.

La civilisation de l'Europe remonte aux Arabes Phœniciens. C'est sur ce peuple étonnant qu'il faut élever nos premiers regards. Chassée de l'Arabie Pétrée par des tremblemens de terre qui la dévastaient (1), les Arabes envahissent cette antique Egypte, dont les habitans n'étaient qu'un troupeau d'hommes superstitieux se traînant aux pieds des prêtres et des pharaons. Ils y portent avec leur indépendance le germe des arts libéraux, l'architecture, les caractères à écrire et la science de la navigation. Sortis de cette contrée, ils passent en Asie où on les appelle *Phœniciens* (2), et ici se

(1) On trouve une intéressante description de l'établissement des Arabes en Égypte, dans Flavius Josèphe, et dans des fragmens de Jules l'Africain, transcrit par Sincella.

(2) Je crois que de tous temps les hommes qui ont voulu vivre libres et développer le genre humain ont passé, aux yeux de la mul-

présente la première différence sensible des deux gouvernemens, car une partie de cette colonie va, sous la conduite d'un chef religieux, s'établir sur les bords du fleuve Ebro, où elle devient le misérable peuple d'Israel; tandis que l'autre, toujours fidèle à la religion naturelle ou symbolique, et à son indépendance républicaine, fonde les municipalités de Tyr et de Sidon. Tyr devient la reine des mers et du monde; son commerce, ses colonies portent la civilisation dans les îles de l'Archipel et l'Europe alors encore sans nom (1). Sa magnificence devient telle, qu'elle fait impression au dévôt Ézéchiel lui-même; la description de sa prospérité et de son éclat devient le fleuron de ses poésies, et les historiens de l'antiquité ont tous célébré ses richesses et la félicité de ses habitans.

L'esprit d'indépendance et l'essor de la civilisation portent les Phœniciens au travers des ondes, et la Grèce reçoit d'eux des principes de con-

titude, pour des êtres odieux. Le mot *phœnicien* veut à peu près dire brigand. Ce sont les prêtres égyptiens qui le donnèrent aux Arabes. Les Grecs modernes qui ont sauvé leur pays de l'esclavage, sont aussi appelés *kleftes*, mot qui n'a pas une acception plus gracieuse, car il veut dire voleur.

(1) Le savant Samuel Bochard dérive le nom de l'Europe de deux paroles phéniciennes : *ur-appa*, qui veulent dire *aspect blanc*. En effet, l'île de Crète, qui reçut ce nom, paraît blanche de loin comme les côtes méridionales de l'Angleterre.

stitution. Des républiques s'élèvent aux rives de l'Attique, sur les montagnes du Tégée, dans les vallons de l'Arcadie. Avec ces républiques, se développent la science, l'histoire, la poésie, la philosophie et les beaux-arts; dans l'espace de moins de cinq cents ans, tout est porté en Grèce à un tel point de perfectionnement, qu'aujourd'hui, en présence des débris de son antique gloire, nous restons confondus de notre médiocrité, et que, réfléchissant sur nous-mêmes, nous sentons l'avilissement de deux mille ans d'oppression.

Au milieu de la prospérité des républiques de la Grèce, s'élève un conquérant qui, assisté de tant de ressources, en fait sentir la force à tous les royaumes réunis de l'Asie. Mais Alexandre s'enivre de gloire, et prend dans le pays des esclaves le goût de la domination. Après ses vastes conquêtes, il exerce la force d'un seul contre des alliés sans défiance; une aristocratie se forme de ses capitaines armés, et les belles républiques grecques tombent sous un gouvernement à peu près féodal, et leurs jours de prospérité sont comptés. Les Romains encore riches des forces que leur république avait accumulées, quoique déjà exploités par des empereurs, en font la conquête, et raient pour long-temps cette contrée délicieuse du nombre des premiers États.

En même temps que les arts et les sciences avaient commencé à se développer en Grèce, l'Étrurie avait aussi reçu ses institutions des Phœniciens. Cette contrée de l'Italie florissait aussi sous ses municipalités (1), mais quand un roi s'en fut rendu maître les progrès de la civilisation furent entravés, et c'est en vain qu'elle se présente aujourd'hui pour concourir avec la Grèce par les reliques de son antiquité; le colossal tombeau de son roi Porsenna, l'allié des Tarquins, n'était déjà qu'un monument de la dégénérescence de ses arts; la république de Rome effaça presque jusqu'au souvenir de ce royaume qui avait protégé ses tyrans.

La plus fameuse des républiques, celle qui par

(1) L'histoire de l'Étrurie est presque entièrement perdue pour nous, mais les médailles ou monnaies que nous trouvons dans ce pays portent toutes l'emblême et l'inscription des municipalités. L'on sait cependant que du temps que Rome exila ses Tarquins, les Etrusques avaient leur Porsenna, roi despote sans doute, puisqu'il protégeait ces derniers. D'ailleurs, il ne faut pas croire que dans l'antiquité le titre de roi entraînât l'idée d'un être absolu. Nous voyons Romulus *se présenter au Sénat.* Sous Ancus Martius, le Feciale déclare la guerre aux Latins *au nom du peuple Romain*, sans faire mention du roi. Sous Tarquin l'ancien, le peuple *ordonne* à ce roi de se charger de l'administration des affaires publiques, etc., etc. A Athènes le roi n'était pas même le premier des archontes, à Sparte il exécutait simplement la loi.

son plus de perfectionnement acquit une plus grande force et envahit toutes les monarchies, fut la Romaine. Rome ne fut qu'un repaire de voleurs sous ses rois, mais dès qu'elle eut chassé les Tarquins et créé les tribuns du peuple, elle commença à faire sentir la force du faisceau social. Dans l'espace de quelques siècles, elle conquit tout l'univers, accumula dans son sein toutes les richesses du monde, et s'éleva au plus haut degré de gloire et de prospérité auquel puisse parvenir une nation. Mais au moment de réagir sur elle-même et de peser l'excellence de la constitution, un intrigant lui fit sentir qu'il n'y avait point en elle cet équilibre qui résulte d'une égalité sans réserve, et, que balancée à ses extrémités par des patriciens et des esclaves, il était facile de la renverser. Elle tomba donc sous le gouvernement d'un empereur, c'est-à-dire sous une tyrannie, et dès lors son éclat s'éteignit peu à peu. Les premiers despotes, exploitant les ressources et les richesses acquises sous le régime républicain, étalèrent quelque temps encore les merveilles de Rome, mais le siècle d'Auguste ne fut que la dernière lueur d'un flambeau qui va s'éteindre : cette reine de l'univers devait finir en perdant sa constitution.

Pendant que les empereurs de Rome tenaient le monde entier sous leur joug, un genre singulier de république s'inventa ; il prit naissance dans le sein des esclaves opprimés. Ce fut la fraternité secrète des chrétiens venus des bords de l'Asie, de ces Hébreux partout persécutés, cherchant un asile dans les souterrains et les caves qu'habitaient les nombreux esclaves des Grecs et des Romains. Ne pouvant s'exprimer par le raisonnement dont l'art lui était inconnu, mais poussée à bout par tous les genres de souffrances et d'humiliations, elle mina par la ruse et l'obstination les forces énervées de l'antique Rome, et fit écrouler un empire qui avait pesé sur tout l'univers. Mais l'esprit qui avait mu les esclaves se changea bientôt lui-même en pouvoir despotique, et ce fut le plus affreux de tous, car il osa fonder son domaine sur la superstition. Ne pouvant s'élever au-dessus de la civilisation des temps, et n'ayant pour mobile qu'un faux point d'honneur puisé dans une métaphysique religieuse, il entreprit de lutter contre la partie du monde déjà éclairée, et de lui prouver que là où la plus nombreuse est dans l'ignorance, celle qui est instruite n'est pas sûre d'en triompher. En effet, il vint à bout d'abaisser l'esprit humain à une démence organique, et, pendant qu'on s'en moquait comme d'un adversaire peu redoutable, à s'élever sur le trône des empereurs et à régner sur l'univers. C'est là l'histoire de l'église et des papes, c'est l'affreuse histoire du monde depuis plus de quinze cents ans.

Pendant que l'esprit de l'église ou de l'ignorantisme travaillait à la dissolution générale, avec un aveuglement d'autant plus grand qu'il croyait à la fin prochaine du monde et l'annonçait partout; (1) les barbares hordes du Nord vinrent seconder ses desseins, et réaliser en quelque sorte ses prophéties de destruction. L'Italie, jadis si florissante qu'elle avait à elle seule une population égale à celle du reste de l'Europe, devint un désert affreux. Les Goths détruisant les habitans, tandis que les chrétiens brûlaient les livres et mutilaient les objets des beaux-arts, il ne resta plus au petit nombre d'Italiens qui survécurent que la misère et l'abrutissement.

(1) L'on sait qu'une prédiction de Jésus ayant donné lieu à la doctrine de la fin prochaine du monde, le christianisme se propagea à la faveur des terreurs qu'elle inspirait. Les chrétiens s'habillaient de noir comme font encore nos prêtres, et allaient partout porter leurs lamentations et les principes de leur foi. Les ravages des barbares et les tremblemens de terre occasionnés par l'éruption récente du volcan Vésuve, étaient là pour donner à leurs discours un air de vérité.

Au milieu de calamités si générales, la liberté, qui ne meurt jamais, porte son instinct reproducteur dans les ilots du golfe Adriatique, où la pauvreté se met à l'abri de l'ambition. C'est là que quelques pêcheurs vont élever en peu de temps la miraculeuse république de Venise, Venise qui, à l'abri du despotisme des papes et des Vandales alliés, se crée un commerce, des flottes, des armées, devient la maîtresse des mers, et range sous son domaine les empereurs dévôts de Constantinople qui n'ont pour leur défense que des eunuques, des évêques, et des courtisanes voilées; Venise qui fait sentir jusqu'aux Indes quelle est la puissance du plus petit état lorsque les citoyens y sont unis par les liens de la loi. Aujourd'hui, cette célèbre cité, imitatrice de Rome jusque dans les défauts de sa constitution fondamentale, est devenue la proie d'une monarchie: allez voir ses murs se dévastant chaque jour, sa noble architecture (1) tombant en ruines, ses ports déserts, ses habitans mornes et silencieux. D'où vient que

(1) Il est encore remarquable que Venise, dont le seul pilotage a dû coûter deux fois autant que la construction des bâtimens, possède aussi les plus ingénieux modèles d'architectures moderne ou du moyen âge, aussi bien que tous les autres vestiges de force et de prospérité.

Venise n'est plus le centre du mouvement comme elle l'était autrefois; pourquoi les chants du gondolier ne font-ils plus retentir pendant la soirée les rivages romantiques du Rialto; pourquoi le Vénitien tourne-t-il sans cesse un triste regard sur le Palais du Sénat et vers le lion de St-Marc? Pourquoi....... eh! ne voyez-vous pas passer derrière vous les satellites du potentat qui lui impose son joug?.....

Il s'écoula neuf à dix siècles pendant lesquels le christianisme, au lieu de rendre les esclaves libres comme des citoyens, réduisit les citoyens à la condition d'esclaves; je veux dire jusqu'au douzième siècle, époque à laquelle les républiques Italiennes se formèrent insensiblement, à la faveur de quelque commerce et de quelques valeurs acquises par les marins de Gênes, de Florence, d'Amalfi, de Pise, etc.; aux dépens des fanatiques qui allaient en *Terre-Sainte* se faire massacrer par les Ottomans. L'exemple le plus frappant de la fécondité des institutions républicaines se présente en ce moment; pendant moins de quatre siècles, quoique toujours en lutte contre l'oppression des empereurs, du clergé et des seigneurs, l'Italie redevint le berceau de l'humaine civilisation. Elle recréa les arts, fit revivre les sciences et la philosophie, et trouva l'étincelle des lumières dont nous jouissons aujourd'hui (1). Ces quatre siècles sont la merveille de l'histoire. Les Italiens, si avilis aujourd'hui, furent les nautonniers qui sauvèrent de l'universel naufrage tout ce que nous avons de gloire et de liberté.

Cependant, le mal avait jeté de profondes racines; un pape astucieux et cruel (1) sut de nouveau intéresser les despotes de l'Europe à une alliance d'oppression, et la double tyrannie reprit son cours. Mais de son côté la philosophie des lumières s'était intéressée au bonheur du genre humain et pouvait opposer à tant d'abus la force du raisonnement; elle étendit ses ramifications en soufflant dans le cœur des peuples un principe de dignité qui ne peut périr désormais. Ce fut en vain que le fanatisme étendit encore son bras sur des victimes; un moyen de communiquer la pensée, la presse, fut le résultat de cet élan du génie renaissant, et il ne fut plus guère possible de ty-

(1) J'ai cru remarquer que l'histoire des républiques italiennes du moyen âge et de la résurrection des sciences n'est point assez généralement étudiée. Les historiens ecclésiastiques ont eu soin de s'en attribuer le mérite et d'en exagérer les défauts. Il faut lire Sismondi et Gibbon.

(1) Jules II et les souverains d'Espagne, de France, de Naples, d'Allemagne, etc.

ranniser l'esprit. Les hommes connaissant mieux leurs sentimens se enhardirent, et de nouvelles révolutions se préparèrent dans diverses contrées. Ce furent celles d'Angleterre, de Hollande, de Suisse, d'Amérique, et la plus fameuse de toutes, celle qui pour la première fois vint donner à notre France le noble nom de république.

La France prend à cette époque une place nouvelle parmi les nations, j'oserai dire la première. De la foule de ces nouveaux citoyens sortit soudain un concours d'hommes de génie; la république prouva sa force au sortir du berceau, les monarchies se prosternèrent et la supériorité ne fut point douteuse entre ces institutions de nature opposée. Mais des élémens manquaient à sa solidité, ceux qui mettent un état à l'abri de l'ambition, et font taire les partis; une égalité raisonnée, une instruction véritablement morale. Alors un intrigant hardi fit tourner en faveur de sa propre passion les forces de la jeune république; il la séduisit par les charmes du génie et de la gloire, et l'étouffa pour se fonder une dynastie. Mais le plus terrible des exemples vengea la patrie; quand il ne fut plus à craindre, elle l'abandonna, et il alla mourir sur un sol étranger.

Après la chûte de Napoléon, la politique européenne s'offre à nos regards comme une mer calme après une terrible tempête, et les débris des nations sont sous nos yeux. Quelle est celle qui a mieux résisté au despote dont le bras secouait le monde ; quelle est celle qui, après dix ans d'une guerre infernale, écrase enfin son front orgueilleux? C'est un état du genre républicain, c'est l'Angleterre, la plus riche et la plus florissante des nations (1).

Il me resterait à appeler les regards sur la grande Amérique, cette partie du monde qui, d'une vaste solitude qu'elle était il y a cinquante ans, est déjà devenue le pays le plus florissant et le plus industrieux, avec un régime tout républicain, et son indifférence pour les religions. Comparez ce pays avec les états de l'Europe, et vous verrez qu'il les surpasse tous en ressources, et que ceux qui ont le plus de ressemblance avec sa constitution, sont ceux qui offrent un aspect plus flatteur; assurez-vous ainsi par l'expérience que la prospérité des peuples se trouve en proportion du moins de l'influence qu'exercent sur eux la royauté et la

(1) L'Angleterre avec sa constitution présente peut être considérée comme une république du genre mixte. Mais sa liberté nationale dépend de celle de la France, car son aristocratie peut finir un jour par la subjuguer et la ranger sous le domaine absolu et féodal

religion. Si vous voulez faire fortune, vous n'irez ni en Italie ni en Espagne ; s'il vous vient quelque invention utile à la société, ce n'est pas non plus de ces pays que vous la recevrez.

Il résulte d'un examen si général que les républiques et les monarchies, tant simples que composées, se sont toujours succédé sur la scène du monde, les premières s'élevant rapidement par la force de l'union populaire, et donnant une extension universelle aux talens, aux sciences, à l'industrie, aux beaux-arts, et prenant toujours leur point de naissance là où les gouvernemens despotiques avaient tout réduit à un entier dépérissement. Les secondes, par un sort et une influence opposée, commençant au point de prospérité des républiques, dégénèrent peu à peu leurs principes vitaux, et détruisent inévitablement les états. C'est sous le point de vue tout classique et raisonné que j'ai voulu présenter mes pensées politiques, et les proposer à mes concitoyens comme une voie facile pour parvenir à la certitude et à l'excellence de l'opinion. L'écrivain qui analyse et définit les systèmes a du moins le mérite de diminuer les inconvéniens des discussions, dans lesquelles on s'irrite souvent mal à propos, et après lesquelles deux champions bien intentionnés s'injurient, seulement parce qu'ils ne se sont pas compris.

Ainsi après avoir démontré historiquement la gravité des fautes commises en France depuis la révolution de juillet, indiqué la tendance à la tyrannie monarchique, et prouvé que l'état déplorable dans lequel la France languit actuellement, n'est qu'une conséquence de ce genre de gouvernement qui dans tous les siècles a produit le même dépérissement général ; il ne me reste peut-être qu'à définir les caractères principaux de l'espèce de république qui sauverait la France de sa mortelle léthargie, et lui assurerait un prospère avenir.

Mon projet n'est pas de prendre quelqu'une de celles de l'antiquité pour modèle exclusif, puisqu'elles eurent aussi leur côté défectueux et périssable, en admettant dans leur sein la noblesse et l'esclavage, et en entretenant les vulgaires superstitions. Mais ce qu'eurent de parfait celles de Grèce et d'Italie, et des moyens d'instruction que l'expérience a mis entre nos mains, je tire la conviction que nous sommes à même d'élever une constitution inaltérable; car, bien que l'on admette vaguement que tout est périssable sur la terre, il est cependant des choses qui ne passent point, et j'ose prétendre que l'existence des peuples, m'offre en même temps la preuve de cette assertion, et une base pour fonder un tel état.

Les détracteurs du système républicain ont objecté que les républiques furent souvent le théâtre de querelles sanglantes dans leur intérieur, et pour ainsi dire le centre d'une exaspération de vitalité. Cela devait être nécessairement, puisqu'il y avait des rivalités qui puisaient leurs forces à la source commune d'un état tout de vie. Mais bien loin qu'une telle remarque puisse jeter sur les républiques quelque défaveur, la prospérité toujours croissante dont elles jouirent malgré le fléau passager des conjurations, n'en rehausse que davantage l'opinion que doivent inspirer de tels états, quand on en aurait exclu les élémens de discorde qu'ils nourissaient; car il faudra bien admettre que les causes de toutes contestations sont la rivalité, la jalousie et les intérêts lésés, mobiles qui, éliminés d'un pays par de justes lois, le laissent en paix au dedans, et en sécurité à l'égard de l'étranger. Certainement que dans un état monarchique, où la crainte avilit tout, il n'y aura pas de conspirateurs aussi décidés que Catilina, ni de guerres civiles dont les partisans soient aussi acharnés que ceux de Pompée et de César, ou de Marius et

Sylla ; peut-être même qu'un Brutus et un Aristogiton y seraient aussi introuvables qu'un Caton et un Aristide, car il n'y a aucun nerf, aucune énergie dans les pays soumis à de telles dominations. Il semble que les hommes y aient subi une sorte de castration morale qui les empêche de produire de grands sentimens ; Plutarque y eût vainement cherché les caractères de ses héros, car, ce n'est pas lui qui se fût contenté des Bayards et des Duguesclins, ou d'autres chevaliers romanesques des tournois de la féodalité. Il n'y a que la religion qui, empruntant au ciel une activité qui n'est plus sur la terre, présente sous des rois des scènes imposantes telles que les massacres des Juifs, des Albigeois, ou le terrible spectacle des tortures que souffrirent énergiquement un grand nombre de fanatiques dévoués à sa profession, et celui plus terrible encore des actes de foi dont leur inquisition épouvantait le monde. Malheureusement l'éclat que fit l'enthousiasme des religions ne put produire que la destruction ; il n'était pas dans l'essence de ses principes d'avoir aucun résultat national, parce qu'au lieu d'être fondés sur les calculs de la saine raison, ils partent de l'élan sentimental d'une imagination déréglée.

CHAPITRE V.

Développement naturel de l'ordre social. — La confusion est toute opposée à la république. —La nécessité produit la morale et indique le perfectionnement comme condition du bonheur. —Le penchant au perfectionnement conduit les sociétés au règne de la loi. — Obstacles que le perfectionnement social rencontre, —La république instituée.

Si l'on se figure une multitude d'hommes sans loi ni gouvernement, n'ayant pour règle que l'instinct prochain du bien et du mal, et luttant les uns au travers des autres pour se conserver la vie, assurément l'on aura devant les yeux la plus effrayante image que puisse présenter l'ensemble de l'humanité. Mais un tel spectacle n'a jamais existé que dans quelques cerveaux trop délicats. Car de tels hommes auront déjà, sur quelque point, manifesté leur besoin de la société, ne fût-ce que relativement aux sexes et, par suite, à la famille. C'est de ce point seulement qu'il faut partir pour observer le développement de l'ordre social, et nous verrons que cette confusion primitive, bien loin d'être analogue à la République, en est l'extrême opposé. Ce sont les nécessités d'une situation si déplorable qui donnent l'idée de la morale et poussent l'homme à son perfectionnement.

Les hommes qui manquent de lois sont exposés les uns à l'égard des autres à des injures, et à des lésions mutuelles qui ne trouvent aucune compensation raisonnable. Il en résulte la guerre et la rapine, auxquelles l'instinct de l'homme sauvage se prête sans efforts. Alors se distinguent le fort du faible, celui qui a besoin de protection, et celui qui est capable d'en servir par ses talens. Des chefs sont créés dans chaque parti du peuple, on se plie à leur arbitre par l'idée qu'ils sont les soutiens de la commune faiblesse, et voilà les monarques créés. Après que la guerre a fait éprouver toutes ses horreurs, on sent le besoin de faire quelque chose de mieux pour son bien-être, et l'on conçoit que pour avoir la paix il faut qu'on la laisse aux autres ; que pour jouir il faut laisser jouir autour de soi. C'est là l'idée de la réciprocité dont la source première est dans l'amour précieux de soi-même; elle mène à l'instinct de la limite, et l'on convient de se restreindre dans un pays. Cependant, tandis que des peuples ont lutté, chacun avec son premier chef, les circonstances ont mis en évidence d'autres hommes que la nécessité appelait sur la scène des événemens. Ces individus ont essayé leurs forces et connu leur propre mérite. Ils ont réclamé leur droit à la supériorité, et c'est là l'origine présumée de l'aristocratie. Si le progrès des expériences eût continué, presque tous les hommes en seraient venus à reconnaître aussi leur dignité ; mais il eût fallu que l'édifice social se composât d'autant d'élémens d'industrie que les hommes sont doués de facultés et de besoins divers. Il n'en était point ainsi dans les temps reculés ; la guerre était le moyen principal de s'enrichir et de dominer ; on ne voyait rien au-delà de la conquête d'un pays voisin, et le premier des talens consistait à savoir faire peur à son voisin et à tuer un ennemi. Une telle qualité étant éminente, on l'appela *noble*, et la noblesse s'acquit par la brutalité.

Mais comme un tel mérite pouvait en peu de temps trouver beaucoup d'égaux, les nobles, profitant de la crédulité, songèrent à faire accroire qu'ils étaient des races privilégiées. Un grand nombre allèrent jusqu'à se dire descendus du ciel pour gouverner la terre, d'autres eurent des épées douées de la magie de tout exterminer. C'est par de tels moyens que les premières noblesses héréditaires purent se flatter de l'approbation. Après que les aristocrates furent en nombre tel, qu'une augmentation ne leur eut plus laissé assez de servitude à exploiter, une difficulté dut se présenter à eux, car, malgré les prestiges dont ils s'environnaient, la masse du peuple produisait avec le temps des sujets qui aspiraient à les égaler. En effet, dans les temps et les lieux où l'on ne posséda pas des moyens capables d'entraver le développement moral, les aristocrates allèrent en se multipliant jusqu'à ce que l'égalité fit sentir aux plus ambitieux le besoin de former une caste au-dessus de la commune. Dans les états qui eurent la religion naturelle ou symbolique (1), tels que les Phœniciens, les Grecs, les Romains, le nombre des aristocrates ne se limita qu'à la classe des hommes chez lesquels l'instruction ne pouvait avoir lieu. Ainsi généralisés, ils furent cependant obligés de prendre le nom de peuple, car autrement l'État en eût manqué. On eut donc dans les États des citoyens nobles, des patriciens plus nobles encore, et cette misérable espèce qui crut aux aruspices et

(1) La religion symbolique, soit païenne, n'était pas favorable au despotisme; on aime à y voir les dieux, et Jupiter lui-même, maîtrisés par un destin, et ne pouvant se dégager d'un serment fait par le Styx. L'Olimpe, au reste, est tout de forme républicaine; cela me paraît digne d'être remarqué à propos de l'influence des religions.

aux béquettemens des poulets, et pour laquelle le nom d'esclave fut inventé.

Du reste, la classe des citoyens ayant ce degré de dignité que donne l'expérience, et formant une grande partie de la nation, on put lui donner le titre de république, et elle posséda plus ou moins des ressources et de la vitalité qu'elle aurait eues si tout y eût été réglé sur le niveau de l'égalité.

Quoique, dans l'antiquité, l'ordre social n'ait jamais atteint son entier développement, sans doute faute d'instruction populaire, le moyen âge et l'âge moderne sont loin généralement de s'être élevés aussi haut. Les Goths, auxquels on doit les principes de la politique qui nous asservit, envahirent le midi de l'Europe à l'époque où le christianisme était occupé de sa grande œuvre de démoralisation. Ces peuples n'en étaient encore alors qu'à ce point de développement que j'ai indiqué comme étant celui de la première aristocratie. Leurs chefs furent charmés de trouver dans cette nouvelle doctrine un moyen capable de mettre des bornes à l'ambition de ceux qui, sortant de la foule, s'avançaient sur leurs pas. Ils acueillirent donc avec enthousiasme une doctrine qui consacrait leur autorité comme venue du ciel, et recommandait aux peuples une aveugle soumission au nom du *dieu terrible et implacable d'Israël.* Ces deux politiques se rencontrant à propos, au moment de leur origine, et pouvant se prêter un mutuel secours, s'allièrent pour mener devant elles le troupeau des humains, et l'aristocratie religieuse souda la chaîne féodale qui fait encore sentir la force de ses anneaux.

Tel est l'aspect que présente le développement social ; reste maintenant à savoir si nous sommes destinés à dégager la civilisation des entraves où elle est retenue depuis tant de siècles, ou si nous léguerons cette tâche à nos descendans, avec la honte de notre faiblesse et de notre immaturité. Loin de moi l'idée de faire de ces paroles une funeste prédiction ; les Français ont pu sommeiller un long moment par confiance dans leurs moyens, mais dire que leur énergie soit épuisée, que les vertus sociales et la liberté les trouvent sans intelligence et sans résolution, ce serait leur faire une injure dont j'aurais trop à rougir. Les reproches qu'on peut faire à mes concitoyens, je les leur ai adressés avec franchise ; je me suis plaint comme les Belges, les Polonais et les Italiens se sont plaints de nous tous, en frère, et avec l'accent qu'arrache la douleur ; j'en trouverai l'excuse au jour de la commune résurrection, au jour pur et céleste de la véritable liberté!! Mais qui peut le retarder encore; qui peut imposer le joug et la misère à la plus vaillante des nations? Je porte mes regards sur un trône et je le vois vide; je cherche un souverain, et voilà paraître un homme qui n'en a pas la patente; je demande les gardiens du despote, et ce sont des citoyens armés au nom de l'ordre public et de la liberté. Quel effort faut-il donc pour faire de la France une nation forte et heureuse? Est-il quelqu'un qui ait besoin de conviction; est-il un assez grand nombre d'entre nous qui ait pu vendre son honneur à l'usurpateur de nos droits?!! il faudrait arracher de mon cœur l'amour aimable de la patrie, et me prouver que toute vertu est une illusion; avant de me faire accroire que la majorité des Français est vile et ignorante, et qu'elle a désespéré de son avenir. Eh bien! qu'un jour solennel arrive qui rende à la France sa liberté des jours de Juillet. Que Louis-Philippe sacrifie son ambition et nous sauve d'une révolution inévitable; qu'il nous aide à franchir le pas difficile d'un gouvernement à un autre, il le peut et il le doit, car par lui a été déjoué le projet national, lorsque la cause des peuples était gagnée. Qu'il reconnaisse que l'assentiment de la nation est nécessaire à la légalité de la constitution ; non-seulement cette pensée est honnête, mais elle lui offre le seul moyen de conserver un trône contre lequel s'élèvent des ennemis invincibles, la légitimité et l'émancipation.

Alors, que tous les Français ayant l'âge de raison, *sans exception d'un seul* (1), se réunissent par communes, et nomment un ou plusieurs électeurs (2) qu'il députeront à l'arrondissement.

Les électeurs communaux réunis nommeront un ou plusieurs représentans, selon leur population. Le nombre des représentans sera d'un trente-millième de la nation, c'est-à-dire que la France enverra mille et tant de députés au siège du gouvernement. Que toute espèce de privilège, celui de l'âge même disparaisse devant la nationale assemblée des arrondissemens ; que le plus digne des citoyens soit choisi pour porter à la capitale les besoins de son pays, et devienne l'organe et l'intelli-

(1) J'ai vu des personnes qui prétendaient que les domestiques ne devaient point participer au droit commun. Cette opinion est injuste ; l'homme sur lequel nous levons un tribut de service en lève un sur nos deniers, et il n'engage pas sa liberté.

(2) Une commune ne pouvait avoir moins d'un électeur d'arrondissement. Le nombre augmenterait par millième de sa population.

gence de la législation. Il est dépositaire du pouvoir, le peuple met sans réserve sa confiance entre ses mains, et le charge de sa procuration verbale pour faire les lois et former son gouvernement, s'engageant par anticipation à subir les conséquences et la responsabilité de tout ce qu'il fera conjointement avec ses collègues dans l'assemblée du sénat. Alors, nous aurons réalisé la *république*, puisque *le public* aura participé à la chose, et que désormais chacun y aura une part. Jamais le gouvernement d'une nation ne devrait s'appeler autrement que république. Le plus adroit des despotes serait peut-être le premier à en convenir. Les premiers usurpateurs de la liberté romaine, bien que décorés du titre d'empereur, n'auraient pas osé prétendre autrement. Est-il rien de plus insultant pour les peuples que d'entendre leurs pays porter le titre de royaume et d'empire, et voir par là leurs droits éclipsés par ceux d'un souverain : avec quel dégoût je lis ces histoires de France, d'Angleterre, d'Autriche etc., où je ne vois que l'histoire des rois, de leurs courtisanes et de quelques orgueilleux seigneurs, souvent entremêlés des fureurs de l'Eglise ! C'est en vain que j'en parcours les pages pour y trouver le fait des peuples ; ils n'y sont pas plus intéressés que les automates de l'échec ; ils n'ont été que des instrumens de l'ambition et du mépris de ces superbes maîtres.

Les réclamations d'un simple individu comme moi devraient se borner à indiquer un tel ordre ; c'est là le droit réel de l'égalité qui appelle tous les Français à souscrire l'acte national d'association. Je me plais cependant à suivre les illustres représentans, la fleur des citoyens jusque sur les bancs où ils ne seront admis qu'en se déclarant *mandés par les suffrages du peuple français.*

La première loi qu'ils rendront sera celle de leur propre constitution ; ils déclareront que *la majorité fera loi dans leur sein.* Il faudra que le vœu soit unanime, et il le sera, car c'est une affaire de simple bon sens et de commune probité. Sans cette loi primordiale, exprimée en bonne forme, les autres n'ont point de fondement, si ce n'est l'assentiment tacite qui n'est pas satisfaisant.

Il me semble que les nombreux membres de cette réunion pourraient se diviser en deux parties; un tiers, composé des plus anciens, serait destiné à remplacer la chambre des pairs.

Ces chambres se nommeraient chacune un président, et éliraient ensemble un *primus inter pares* à qui serait dévolue l'exécution des lois.

Un conseil lui serait donné d'un nombre de

personnes égal à celui des ministres d'aujourd'hui, et ils en rempliraient les fonctions. Ceux-ci délibéreraient sur l'exécution de la loi, et le Prime n'en serait que le *logos*; il la ferait exécuter au nom de la nation. Tous seraient également responsables, en cas d'acte contraire à la loi fondamentale, et jugés par les deux chambres.

Les chambres contenant indubitablement les premiers talens de la nation, ou du moins ses hommes de confiance, le Prime ne pourrait choisir hors de leur sein ses ambassadeurs.

Telle serait l'organisation fondamentale d'un gouvernement où chacun étant égal par le droit et différent seulement par les fonctions, avec l'assentiment général, pourrait s'appeler *république*.

La nation allouerait vingt mille francs à ses députés, car elle ne veut rien pour rien, ayant brisé tous les liens de l'intrigue et de la faveur. Le Prime pourrait recevoir en outre, et à titre de don national, deux cent cinquante mille francs; les conseillers du prime ou ministres auraient droit à trente mille francs d'indemnité à raison de leur travail permanent; l'indemnité pour les ambassadeurs serait réglée ultérieurement.

La cession des chambres durerait neuf mois; l'élection serait faite pour trois ans, à une époque invariablement fixée par une loi, et cette loi gravée sur la pierre en frontispice de toutes les communes de la nation. La durée des fonctions du Prime ne pourrait être aussi que temporaires, il appartiendrait à la sagesse du sénat de la déterminer. Toutefois ne pourrait-elle excéder le temps que l'on assigne communément à une génération, c'est-à-dire une dizaine d'années, car nous n'avons pas le droit de donner un chef à nos neveux.

Au sortir de leurs fonctions, tous les magistrats du gouvernement rentreraient dans la classe des simples citoyens, et n'y seraient aptes de nouveau qu'après avoir repassé par la filière des élections populaires.

Voilà un bref exposé des bases sur lesquelles la France devrait jeter les fondemens de sa constitution. Le but de cet opuscule n'est pas de suivre dans leur ramification les détails du gouvernement; mais j'espère être assez heureux pour avoir, sur le terrain glissant de la politique, planté des jalons qui en pourraient indiquer la voie. Je me résumerai toujours en disant qu'un gouvernement, quel qu'il soit, sera légal s'il est consenti par l'entière nation; condition qui en fait une république, et sans laquelle il n'est qu'une tyrannie, une puissance de brutalité.

J'ajouterai cependant que la contribution serait réduite d'un tiers et les dépenses de l'état réglées sur cette proportion qui ne pourrait augmenter hors les cas extraordinaires. La milice de terre serait réduite au pied de paix, à quatre-vingt-dix mille hommes invariablement. Les devoirs de la garde nationale deviendraient l'objet d'une loi sévère.

Le traitement du clergé serait aboli : les prêtres de tout rang et de tout culte recevraient à titre de bienfait national une pension viagère de quatre cents francs, laquelle se convertirait en pension en faveur des ecclésiastiques qui, rentrant dans la liste des citoyens raisonnables, s'allieraient à une compagne, conformément à la décence. Elle pourrait être augmentée de cent francs par chaque enfant qu'ils donneraient à la société.

Cette munificence aurait pour but de les dédommager de leur jeunesse perdue dans l'abus de principes qui les ont mis hors d'état de pourvoir à un avenir social. Il est inutile de dire que la nation ne paierait plus les prêtres créés après l'émission de la loi. Leurs cultes resteraient libres, mais considérés comme un amusement de l'esprit; la dépense en resterait à ceux qui voudraient en jouir. Leurs prédications resteraient soumises à la police correctionnelle comme les théâtres publics, et tenues aux mêmes responsabilités. On organiserait les écoles primaires ; la nation paierait les maîtres, et un cathéchisme national serait discuté et publié. Ai-je besoin de parler de la liberté de la presse ; sans elle une nation est muette ; elle ne peut pas plus s'en passer qu'un simple individu des organes physiques de l'expression.

CHAPITRE VI.

Les seules préventions éloignent l'ordre public. — Les préjugés entretenus pour fonder les priviléges. — Une bonne constitution rendra meilleurs les citoyens. — Les principes de l'erreur sont anti-sociaux. — L'amour de Dieu et du prochain considéré comme sentiment ne peut baser solidement un État. — Mauvais principe que celui de renoncer à soi-même pour vivre en société. — Les Écritures *saintes* condamnent toute espèce de dominations religieuses. — De la noblesse et de ses conséquences.

Parmi les hommes sensés il en est peu qui osassent disconvenir qu'il y a de l'ordre et de l'équité dans un gouvernement entièrement composé des mandataires de la population. Il est cependant des personnes qui désespèrent d'un résultat parfait à cause de quelques difficultés, et d'autres qui les repoussent par l'influence des préjugés. Cela prouve que, pour avoir une bonne constitution, il faut avoir de bons citoyens, car un tout est de même nature que ses parties. La passion violente de la domination, tendant sans cesse à se perpétuer et à dégénérer les classes de la société, fait sentir la nécessité d'instruire les hommes d'une manière différente de celle qu'ils ont subie jusqu'à présent; l'erreur doit être bannie des écoles, car elle offre toujours un faible aux plus sages institutions. Les religions et les noblesses doivent être considérées comme l'entretenant pour s'entretenir elles-mêmes, car elles ne sauraient trouver un autre appui.

Si la religion chrétienne s'en fût tenue au précepte qui lui assigne un autre monde (1), elle ne serait point le sujet d'une critique directe. Objet de contemplation métaphysique, elle délecterait les loisirs des hommes qui se plaisent dans les spirituelles subtilités. Mais il n'en a pas été de celle-là autrement que des autres; inculquée dans le cœur humain, elle devait servir à satisfaire et à masquer des passions, et sur le pied où elle a mis sa doctrine, elle est devenue la plus anti-sociale qui ait jamais existé. Quand il s'agira de prouver

(1) J. C. dit que son royaume n'est pas de ce monde (S. Jean, XVIII, 86), il avertit ses apôtres de ne pas confondre la mission qu'il leur donne avec la puissance qu'exercent les princes de la terre. (S. Luc, XII, 20). Ils sont envoyés non pour gouverner, mais pour instruire (Mathieu, XXVIII, 20). Ils ne sont pas de ce monde, il les a choisis pour les en tirer (S. Jean, XV.)

longuement cette assertion, je la soutiendrai, mille preuves à la main. Qu'il me suffise de dire en passant qu'un individu dont l'esprit est tordu à la croyance de ses mystères du péché originel, de l'incarnation et de la divinité de Jésus, de l'eucharistie, de la confession, de l'infaillibilité du pape, etc., est trop stupide pour être à l'abri d'autres croyances en opposition avec ses devoirs de citoyen ; car si une chose pouvait être à la fois vraie et contraire à sa raison, quel moyen lui resterait-il de distinguer le mal du bien (1)?

Il n'est aucun des dogmes du christianisme qui ne soit mauvais, mal conçu ou plus ancien que lui. On dit que les religions recommandent la morale, et moi je vois que c'est l'antique morale née des nécessités humaines qui recommande les religions et leur donne la facilité d'abuser impunément de tout ; un mur examen en donne la conviction. Le précepte que l'Évangile donne pour être l'abrégé de tous, c'est *l'amour de Dieu et du prochain.* On doit rendre justice à la candeur de ce

(1) Les théologiens ont trouvé un singulier moyen de répondre à une telle maxime, ils disent que les choses contraires à la raison sont *au-dessus* de la raison..,.. Plaisant argument qui, poussé à bout, vous fait une nuit d'un plein jour et le vice de la vertu. Comment pourrions-nous citer les choses qui sont au-dessus de notre raison, en aurions-nous l'idée?

principe; mais, considéré sainement, cet amour est stérile pour le bien de l'humanité et la prospérité d'un état, s'il n'est fondé que sur un aveugle sentiment. En effet, si vous me dites d'aimer Dieu sans m'apprendre raisonnablement pourquoi il mérite mon hommage, et que vous m'ordonniez de chérir Jean sans que j'y sois déterminé par un motif personnel; de quelque soumission que je m'efforce d'être, mon affection ne sera qu'un mot ou une frénésie sans objet.

Nous ne pouvons aimer Dieu, parce que l'amour n'existe réellement qu'entre des êtres de même nature, et que nous n'éprouvons ce sentiment qu'à charge de réciprocité. L'amour des choses célestes ne saurait se comparer qu'à l'enthousiasme qui exalte le cœur des jeunes gens, dont l'imagination romanesque leur dépeint un être idéal, jusqu'à ce que, la raison donnant à leur nature une plus juste direction, ils soient appelés à trouver le bonheur dans un véritable objet.

Il n'en est pas de même d'un sentiment qui semble fait pour les choses qui nous surpassent et que l'on appelle admiration. Il peut être poussé envers le Créateur jusqu'à l'excès; nous pouvons à chaque pas tomber involontairement à genoux devant les merveilles de l'univers; mais si nous allions jusqu'à nous passionner d'amour pour sa personne, ce ne serait qu'en nous faisant l'idée qu'elle est semblable à la nôtre, et cette image serait aussi fausse que nous serions extravagans. L'esprit humain peut trouver un noble loisir dans la contemplation des merveilles de Dieu, mais il ne faut pas qu'il pense à faire d'une telle philosophie les bases d'une politique et appuyer en l'air une constitution. Du reste, nous ne pourrions rien savoir de l'Etre suprême sans ses œuvres. A leur aspect nous concevons qu'elles ont eu un facteur infiniment intelligent et infiniment puissant; de ce que l'ordre général ne subit point d'altération, nous déduisons son éternité, et notre admiration se fait sentir avec d'autant plus de force que les beautés du créateur surpassent celles de l'humaine conception. Mais ce n'est point là de l'amour proprement dit; l'amour n'existe que dans les êtres de même espèce, comme je viens de le dire, et pour le seul but de se causer des plaisirs réciproques.

L'amour de Dieu d'ailleurs serait un sentiment qui toucherait de trop près à la passion pour donner l'ordre à une société. Il n'y aurait pas de raison pour que celui qui se serait exalté jusqu'à voir en lui un sujet réel d'affection, ne tombât pas momentanément dans l'excès contraire, car un sentiment vif s'altère rapidement ; et il y a bien dans ce monde quelques accidens qui, nous inspirant le désespoir, nous feraient aveuglement considérer l'auteur de la nature comme celui de nos malheurs.

Pour ce qui est d'aimer Jean comme moi-même, si l'on m'en fait un précepte, on me dit une absurdité. Si l'on veut que je l'aime, il faut qu'on mette en lui quelque motif qui détermine mon sentiment en sa faveur, et lors même qu'il serait devenu l'objet de ma plus vive affection, si je n'avais d'autre règle de conduite à son égard, je pourrais le tuer dans un accès de colère, aussi bien que j'aurai maudit mon créateur dans un instant de mécontentement.

Si l'amour crée, il a aussi la propriété de détruire ; et voilà pourquoi il ne peut fonder une société. Il n'y a que les esprits en proie au romantisme qui puissent opiner autrement. J'ai connu un jeune homme, aussi séduisant que pourrait l'être un apôtre ou un missionnaire, qui, sur un ton bien sentimental écrivait à peu près en ces termes à sa bien-aimée : « Mon amie, un amour parfait pourrait être un système de perfectionnement social..... Je mets en principe qu'une société serait « heureuse là où on ne se ferait aucun mal, et dans

« laquelle chaque citoyen serait porté, par senti-
« ment, à réparer celui qui arriverait à ses sembla-
« bles. Or, deux amans qui se chérissent, n'en sont
« venus à cela que décidés par les mérites personnels
« de chacun d'eux. Plus il y a de mérite, plus il y a
« d'amour; et plus il y a d'amour, plus il y a de dé-
« sir de se plaire mutuellement; et de même que les
« qualités avaient déterminé l'affection, l'affection
« développe à son tour les qualités, d'où il résulte
« enfin le perfectionnement. Les vertus de ces
« amans réagiront ensuite sur tout le monde, car
« les amans sont bienfaisans; et comment ne le
« seraient-ils pas? peut-on contempler froidement
« le malheureux quand on tient son bonheur d'un
« sentiment tendre?.... »

Voilà assurément des pensées on ne peut plus religieuses, en tant que l'amour du prochain renfermerait toute la loi; mais plus de telles expressions ont d'appas pour le sentiment, plus elles font sourire de pitié la raison, et plus il est dangereux que celui à qui elles sont inspirées ne sacrifie un jour l'objet d'une passion qui fait ainsi vaciller son esprit.

Un théologien me demandera comment j'ose mettre en parallèle *l'amour de la créature* avec *celui du créateur*, amour pur, amour sublime, amour mystique qui embrasse son objet au travers des sphères de l'aérienne immensité ? Je lui répondrai que si une passion du cœur pouvait devenir organisatrice, celle qu'inspire une femme aimable aurait pour nous un résultat plus satisfaisant que tout autre, car au moins elle crée des rapports de famille, et donne le calme après avoir causé l'agitation ; tandis que l'amour de la Sainte-Vierge, des houris et des anges prend, aux yeux de l'homme sensé, l'épithète de passion malheureuse. En effet, il altère l'esprit sans pouvoir jamais le satisfaire ; il l'exaspère sans lui donner la tranquillité, et loin qu'il détermine généralement à la bienfaisance, il donne un caractère mécontent qui fait que l'homme se retire de son semblable et rompt avec lui ses rapports ; j'en offre pour preuve l'humeur solitaire des moines et des saints personnages de tous les pays et de toutes les religions.

Il faut conclure de ce raisonnement que la politique des nations ne peut reposer sur les mobiles sentimens de l'homme, et que l'art des gouvernemens est une science qui réclame toutes les opérations de la froide raison. On n'entend pas par là qu'il faille fermer l'oreille aux douces sensations de la nature ; mais que le sentiment a pour objet de nous apporter les idées, tandis que la raison a la propriété d'en faire des pensées organiques, appropriées aux générales nécessités.

Un précepte singulier que le christianisme a inventé, c'est celui de RENONCER A SOI-MÊME, pour bien vivre en société.... On ne peut que déplorer un tel renversement du sens naturel; car le centre de toute vertu comme de tout développement et perfectionnement humain, est précisément l'amour précieux de soi-même. Nous aimons pour notre propre plaisir, et nous nous rendons agréables à mesure que nous éprouvons davantage le besoin d'être aimé. Tout les prévenances que nous avons pour un ami, ne nous viennent à l'idée que parce qu'il nous plait; nous semons pour recueillir, et nous ne faisons guère pour ceux qui ne nous plaisent pas; c'est là un calcul tout fait dans notre esprit, indépendamment de nos intentions et de notre volonté. Ce principe de nature qui d'abord paraît mauvais est excellent, attendu que le sentiment de *nous* est obligé de réagir sur les autres, et qu'il est stérile par lui seul. L'on dit mal à propros qu'un égoïste s'aime; c'est un être borné qui n'a pas l'idée des jouissances qu'il trouverait à n'être ni avare ni envieux. L'amour de soi-même est précieux en ce que la nature a voulu que nous fussions obligés d'en faire un échange pour en retirer les fruits. En effet, que nous servirait d'aimer si nous ne rencontrions une compagne qui trouvât le plaisir de soi-même à mettre en commun ses jouissances avec nous ? Que nous servirait d'avoir l'ambition naturelle de la gloire, si nous ne saisissions pas l'occasion de faire des sacrifices aux autres pour la mériter ? Qu'est-ce qui déterminerait une ame délicate à soulager le malheureux, si elle n'éprouvait une jouissance dans un acte qui lui fait sentir qu'elle s'améliore, et s'il n'était en même temps dans l'ordre des principes et des habitudes qui lui valent l'estime public, qui pour elle est un trésor ? On ne niera pas que nous faisons l'aumône à proportion de la sensibilité dont nous sommes suceptibles, et de la pitié que le mendiant nous fait éprouver. Le soldat s'expose à la mort pour être distingué de ses chefs et en attirer à soi la faveur. Le citoyen combat encore plus vaillamment pour la liberté qui l'inspire, car la liberté est pour lui le plus doux de tous les biens ; il court les chances de la mort avec orgueil en pensant qu'un trait glorieux lui gagnera la considération, qui seule donne la supériorité dans un pays légalement administré. Il sait que les yeux d'une nation juste sont fixés sur lui ; il se reporte à une famille qui fait partie de lui-même, et que ses actions peuvent combler de bien et d'honneur en même temps qu'elles le couvrent de gloire ; ce citoyen sert bien son pays, en se servant lui-même. Donc le sentiment de soi-même crée des rapports, produit le dévouement, développe et perfectionne dans l'univers.

On doit aussi reprocher à la religion chrétienne de ne jamais prononcer les mots *honneur, gloire, patrie, nation*. Les oracles des anciens n'étaient point stériles sur ces points fondamentaux. Leurs paroles avaient presque toujours pour but de rappeler un peuple à l'amour de la patrie, à la gloire et à la liberté. Aussi, les soi-disant païens et idolâtres (1) nous ont-ils donné les hommes de Plutarque, et les chrétiens la légende de leurs saints.

Il est déplorable aussi qu'elle persiste à vouloir que ses dogmes soient adoptés aveuglement et que la FOI soit à ses yeux la première des vertus (2).

(1) Le mot *païen* signifie simplement *villageois*. Après que Constantin eut livré Rome au christianisme, les adorateurs de Jupiter, persécutés, se retirèrent dans les campagnes et furent appelés *pagani*. Quant à l'expression d'*idolâtre*, les chrétiens ont d'autant plus mauvaise grâce à le donner exclusivement aux adorateurs de la nature symbolisée, qu'ils ont eux-mêmes poussé la latrie jusqu'à l'extravagance, et que leurs idoles représentent de bien moins nobles objets.

(2) Tous les polithéistes ont eu la prétention d'imposer leurs sys-

Avec un peu de franchise et d'honnêteté, on reconnaitrait bien qu'une telle méthode remplit l'univers d'erreurs, car une fois qu'on a admis un principe faux, les conséquences doivent nécessairement égarer.

Pour abréger un sujet qui, malgré moi, prend trop d'extension, je terminerai ce qui regarde la religion chrétienne, en conseillant aux ecclésiastiques de renoncer entièrement à en faire un système de politique. S'ils ont pu y réussir dans un temps, c'est que les peuples étaient dans une ignorance profonde. Que ceux que la réflexion ne peut amener à être de raisonnables citoyens suivent

tèmes ; mais ceux qui ont puisé dans la religion judaïque ont été les plus absolus. Mahammed, auquel il faut cependant rendre justice de dire que son livre contient un plan plus uniforme que l'évangile, et s'intéresse davantage à l'humanité, est d'une bonhomie plaisante s'il s'agit de ses miracles; mais s'il a en tête de vous dicter un principe, il le tranche tyranniquement, malgré toute espèce de raison. Le Kouran, commence-t-il par vous dire, contient toutes les lois: toute autre loi que celles qu'il contient est une innovation, toute innovation est un égarement, et tout égarement conduit au feu éternel... Adoptez donc aveuglement la logique et les principes des doctrinaires religieux, et contemplez la Turquie pour voir quelle nation vous deviendrez. Cependant les chrétiens sont encore plus superstitieux; ils sont même impies, puisqu'ils donnent à l'Être-Suprême un collègue qui recueille tous leurs hommages. Les Musulmans, du moins, n'adorent qu'un *dieu*, *qui est l'unique dieu*. C'est à ce seul nom qu'ils se réunissent à la mosquée ou marchent au combat. Leur ***Allah'a ekber*** (dieu très haut) est partout le cri de leur religion.

du moins les avis des chefs de leur doctrine, pour ce qui concerne la domination (1).

Il me reste à traiter des noblesses, et des préjugés qu'elles entretiennent parmi les citoyens, pour soutenir leurs privilèges; je ne parlerai que de celle qui est héréditaire en Europe, et touche à notre gouvernement, comme partie intégrante de la royauté ; je passerai rapidement.

Il y a quelque chose d'humiliant à désigner par

(1) J'ai déjà rappelé dans une note que J. C. ne veut pas que ses disciples intriguent dans le monde; on pourrait ajouter que les titres de *saint*, de *seigneur*, d'*éminence* etc., que portent les hommes d'église, ne conviennent pas aux ecclésiastiques et qu'ils leur sont défendus par la bouche de Jésus-Christ lui-même, qui à l'occasion de la dispute des apôtres sur la préséance, quelque temps avant sa passion, leur enseigna que les seuls princes de la terre devaient avoir de telles prétentions. (*Principes gentium dominantur, vos autem non sic.*) Il eut la bonté de leur répéter cette leçon à l'occasion de la dispute des enfans de Zébédée, et St. Pierre l'avait si bien retenue que parlant aux évêques de son temps, il leur dit : Paissez le troupeau de Dieu comme en faisant partie, et non en faisant partie des seigneurs du clergé. (*Pascite qui in vobis ut gregem Dei, non ut dominantes in cleris, sed forma facti gregis.* Epist. I.)

Nous voyons aussi que J. C. étant prié de faire un partage entre deux frères, leur dit : *Quis me constituit judicem aut divisorem super vos.* (St. Luc.)

St. Jean Chrisostome expliquant aux évêques de son temps ce passage de St. Paul : *Omnis anima subdita est potestatibus*, ajoute ; *etiam si fueris apostolus, evangelista, propheta, sacerdos, monacus, hoc vero pietatem non lædit.* (Ad exp. Paul. Rom., 13.)

St. Grégoire, appelé le grand, dit aussi formellement : *Agnosco* le nom de noblesse cette classe de gens qui ont la manie de se croire d'un sang plus pur que leurs semblables et destinés à leur commander, en jouissant des fruits de leur industrie. Elle fait consister son prix dans son antiquité, et, à dire vrai, elle est aussi ancienne que la superstition et la fraude, premier instinct de l'humanité. Elle a précédé toute espèce d'institution légale; c'est déjà sur des complices privilégiés et décorés du titre de nobles

imperatorem non militibus solum, sed et sacerdotibus etiam dominari. (Greg. lib. 2, ep. 94.)

St. Bernard réprimandant Henri, archevêque de Sens, met la plus grande clarté dans l'explication qu'il lui donne au sujet de la domination. *Si omnis anima*, dit-il, *potestatibus subdita est, ergo et vestra; quis vos excipit ab universitate? certè qui tentat excipere tentat decipere.* (Bern., ep. 42). Dans une autre à Eugène il ajoute: *Apostolos lego judicandos stetisse; judicantes stetisse non lego.*

St. Jérome est entièrement d'avis aussi que les affaires du monde doivent appartenir aux hommes d'état et que les ecclésiastiques n'ont rien à y voir. « *Regum proprium est facere judicium et justiciam.* (Can. reg. 23 quest.)

St. Irène et Origène ne sont pas d'une opinion plus favorable à l'insatiable ambition de l'esprit de l'église. Ils apostrophaient les prêtres de leurs temps en leur rappelant les paroles de Jésus; *Quis me judicem aut divisorem constituit.* (Iren. lib. 5, c. 20 et Orig., epist. ad Rom.)

On ne tarirait pas en condamnations que les livres de l'église offrent contre la domination des prêtres. Que les ecclésiastiques déposent donc devant elles l'orgueilleuse confiance qu'ils apportent de leur obscur séminaire et laissent l'ordre s'établir dans l'état.

que les Tarquins fondaient leur puissance, alors que Rome opprimée surgit soudain à la liberté, en expulsant ces rois infames, sur les ruines desquels elle s'éleva république. Rome républicaine ne créa plus de distinctions que celles qui furent dues à la vertu, mais ses forces ne s'élevèrent jamais jusqu'à pouvoir détruire les races patriciennes qui pesèrent toujours sur elle, jusqu'à ce qu'enfin elles la subjuguassent dans la personne du noble César.

Montesquieu et Machiavel ont pensé que de cette disparité des classes avait résulté la grandeur de Rome; mais à mesure qu'ils ont approfondi ce sujet, ils n'ont pu s'empêcher de convenir qu'elle avait aussi été la cause de sa ruine. En effet, si l'émulation est indispensable à la vitalité nationale, elle cesse bientôt d'être telle, si l'égalité des forces ne se conserve pas; et c'est ce qui arrive là où les distinctions étant héréditaires elles accumulent dans une famille et y concentrent, après quelques générations, une force irrésistible qui emporte l'équilibre social.

Il faut cependant rendre justice aux noblesses de l'antiquité, en ce qu'elles surent quelquefois comprendre que leur conservation dépendait de leur attention à suivre les progrès de leur époque.

Rarement les vit-on s'écarter du but national ; elles luttèrent généralement de mérite, d'instruction et de bravoure avec les citoyens, et jamais du moins le fanatisme ne fit de leur cerveau le siége d'un système de vagabondage et de niaiserie, comme on le vit quelques siècles plus tard.

Mais que dire des noblesses du moyen âge dont les reliques se fourvoient encore parmi nous : quelle illustration véritable leur assignez-vous ; comment distinguez-vous ces hommes ?... Une particule devant leur nom, un front orgueilleux, le langage superbe, et quelquefois les restes d'un donjon où ils méditent le retour du bon plaisir !.. Elle est longue l'histoire des extravagances de la noblesse depuis le moyen âge, elle est déchirante de douleur et de pitié : comme l'orgueil et la bêtise en sont le type ; comme elle prouve à quel degré de démoralisation et d'ignorance elle avait avili le genre humain !

Le plus haut degré de noblesse auquel soit parvenu le système de seigneurie est incontestablement cette époque mémorable à laquelle son influence fut telle à pouvoir traîner à la suite des moines toute l'Europe contre les Musulmans de l'Asie ; expédition plusieurs fois répétée, qui finit enfin par être cause de sa ruine et de la renaissance de la philosophie. Je me plais à trouver dans une anecdote de ce temps-là le type analytique de toute la perfection à laquelle elle s'était élevée : la fleur de la noblesse de l'Europe se trouve à la cour de l'empereur Alexis de Constantinople ; les moines et les évêques les plus saints y assistent, tout le luxe asiatique prête son éclat à cette fameuse assemblée, et Robert de Paris a la parole pour se faire connaître à l'empereur : « Je suis Français, dit-« il, et de la noblesse *la plus pure, la plus ancien-« ne*. Tout ce que je sais, c'est qu'il y a dans le « voisinage de mon pays une *église* où se rendent « ceux qui ont envie d'essayer leur courage dans « un combat singulier ; *ils adressent leurs prières « à Dieu et à ses saints pour qu'ils leur envoient « un ennemi*. J'y suis souvent allé, et je n'ai point « encore rencontré d'adversaire qui osât accepter « mon défi.... (1) » Il y a un volume de réflexions sur une barbarie échafaudée sur tant d'orgueil. Cependant, combien de nos seigneurs du jour voudraient descendre du fameux Robert de Paris !... Tels étaient les hommes qui faisaient de nos ancêtres les instrumens de leurs caprices, dirigés eux-mêmes par les ministres de cette religion qui s'était chargée du genre humain, lorsque la phi-

(1) (Ducange, liv. X.)

losophie païenne fut forcée de lui en abandonner le soin.

Je ne me dissimule pas cependant qu'il y a une apparence de bien-être dans le système sentimental de l'absolutisme, d'autant plus qu'il ne se présente jamais qu'entouré des prestiges d'une religion qui nous le présente comme dépendant lui-même, et nous persuade que la dépendance est dans la nécessité des choses. Il y a du bonheur là où il y a conviction d'un devoir dont l'accomplissement nous promet l'éternité pour récompense. Ce devoir étant la soumission, nous nous soumettons d'autant plus volontiers que les biens de *ce monde* sont peu en comparaison de ceux *de l'autre*. Lors donc qu'on a gagné notre persuasion sur ce point, la pierre fondamentale du despotisme est jetée, et si le bonheur n'était considéré que sensitivement, il serait difficile de soutenir qu'il ne rendra pas aussi heureux qu'un système de raison. Avoir devant les yeux l'abrégé de tout pouvoir, de toute félicité dans la personne d'un chef arbitraire et pouvoir se dire : S'il voulait, j'aurais ceci, je ferais cela; errer pour ainsi dire dans un vague continuel d'espérances et de craintes, c'est sentir; et pour un peuple comme pour un homme non encore éclairé des avantages de la raison, sentir, continuellement même la douleur, c'est vivre. Croire à un maître et chérir sa dépendance en s'abandonnant à une langueur respectueuse, se figurer qu'on l'aime sans l'avoir jamais vu, se faire même un point d'honneur de lui sacrifier aveuglement sa vie en l'appelant *mon roi*, *mon seigneur*, comme si l'application du pronom possessif nous faisait vivre en lui et participer à ses félicités, tout cela est une vie sentimentalement parlant, mais une vie sans dignité, sans caractère ; c'est l'existence passive des animaux ; avec elle dégénèrent et périssent les ressources de sociabilité.

Lorsqu'aux premières années de la jeunesse nous tombons dans la lecture des romans de la chevalerie, qui sont la broderie des temps de l'oppression, nous nous plaisons à remonter à ces époques qui ont à nos yeux un air d'héroïsme. Nous nous sentons voluptueusement portés d'une scène romanesque à une autre plus romanesque encore. Nous ne concevons pas qu'il soit possible de rien réaliser de plus beau, c'est à nos yeux l'âge d'or. Mais lorsque la raison vient à notre secours, nous reconnaissons que nous avons été dupes de nos sens qui nous mettaient toujours à la place du plus brillant chevalier ou de la plus belle dame d'un tournois. L'asile de notre imagination était un château, une cour brillante ; toutes les prairies nous appartenaient, tous les bocages étaient à nos amours, nous planions sur un monde infini..... C'était le beau côté de la médaille, nous étions trop enivrés pour avoir l'idée d'en chercher le revers, qui contenait toutes les misères de l'humanité exploitée en faveur de quelques privilégiés.

J'aborde ici des considérations qui sont du domaine de la philosophie. Ainsi que je l'ai déjà dit, il est essentiel de remonter aux sensations premières qui peuvent jeter dans le cœur les germes d'opinions politiques; elles seront applicables à l'instruction des jeunes citoyens.

Les droits étant égaux parmi les citoyens dans une nation républicaine, et cela dans toute la rigueur de l'acception, les individus qui ne seraient pas simplement tels et prétendraient à une distinction originaire en seront exclus. Il leur sera signifié de rentrer dans la classe des citoyens, en renonçant authentiquement à leurs prétentions ridicules, ou de se confiner étroitement dans leur propriété. Ils ne seront admis ni à payer l'impôt ni à occuper aucune place; la propriété communale ne pourra être à leur usage. Il n'y aura pour eux aucune protection légale ; ils seront hors l'acte d'association ; le chemin public ne leur sera ouvert qu'avec un passeport de l'autorité ; ils seront eux et leur terre considérés comme étrangers.

Les noblesses ont toujours été contraires à la liberté des peuples. On aura de la peine à les détruire, car on ne doit pas le faire par la force ; mais en attendant que l'instruction des masses en fasse justice, tout Français pénétré des sentimens de sa propre dignité refusera du moins son vote à un noble, soit dans les élections de député, soit dans celles de la garde nationale ou de la municipalité.

CHAPITRE VII.

La nation. — Le citoyen. — La constitution. — Le droit électoral. — Les représentans du peuple. — Le sénat — Qualités de la loi. — L'égalité des citoyens. — La chose publique. — La magistrature. — L'instruction nationale. — L'histoire nationale des peuples. — Le catéchisme du citoyen. — Dogmes religieux qu'il admet. — Conclusion du principe de l'ordre social.

La nation, c'est l'ensemble des citoyens.

Le citoyen est celui qui a consenti l'acte social et qui participe sans exception à tous les droits et à toutes les charges de l'État.

L'acte d'association constituant l'État, s'appelle constitution, et le gouvernement des affaires y concernant tous les citoyens, prend le nom de *affaire publique* ou *république* (1).

Le sentiment simultané qui a réuni des hommes,

(1) Des deux mots latins : *res* affaire, *publica* publique.

est un aveu du besoin qu'ils ont de vivre en société. Ce besoin leur fait connaître qu'ils ne peuvent acquérir cette vive jouissance qu'au prix de la morale, qui est l'ordre ; et pour parvenir à la réaliser, ils sont dans la nécessité de se consulter et de réfléchir. Mais une population nombreuse ne peut se réunir dans un lieu de discussion ; elle prend le parti de choisir parmi ses membres ceux qui lui paraissent les plus capables d'être les interprètes des besoins généraux et de proposer des moyens de pourvoir aux intérêts communs.

Ces membres du peuple deviennent les représentans et l'abrégé collectif de l'entière nation. Tous animés du même désir que la multitude qui demande la prospérité, ils vont déployer leurs opinions sur les moyens de la réaliser.

Ils portent au sénat les mêmes droits ; aucune prérogative ne les distingue les uns des autres, et leur pensée est libre entièrement. Chacun d'eux aura le droit de proposer la création d'une loi ou la révision de celles qui auraient précédé sa session.

L'élection des députés ne peut être que temporaire ; en en fixant la durée à une session, on agit sagement, en ce que ces nominations électorales ne sont qu'une espèce de révision que la nation fait de ses représentans et de ses besoins. Cette révision offre l'avantage d'épurer sans cesse le sénat en remplaçant un homme qui ne remplit pas l'attente de ses concitoyens, sans que celui qui en est digne soit privé d'une nouvelle approbation.

Comme les qualités d'un député sont celles de l'esprit, la nation ne tombe pas dans le ridicule de considérer la fortune et la naissance ; elle cherche ses moyens de prospérité dans toute l'étendue de son domaine, et ne divise pas ses facultés par des priviléges, car elle-même est une et indivisible.

Les représentans commencent par exprimer le motif de leur réunion et nomment le peuple dont ils sont les mandataires ; ils mettent leurs discussions à l'abri du trouble, en convenant que la majorité fera loi parmi eux. Ils se soumettent, par un accord unanime, à cette convention primordiale, et c'est une loi de raison, car le plus haut degré d'indépendance auquel puisse prétendre un homme sensé, consiste à céder à l'opinion du plus grand nombre afin que la sienne triomphe lorsque la majorité viendra à l'adopter, ce qui tôt ou tard aura lieu si vraiment elle est la meilleure.

La loi est le résumé du sentiment et de la raison des représentans. Ayant pour objet la conservation et la prospérité générale, elle désigne la récompense de celui qui apportera quelque avantage à la masse commune, et prononce une peine contre celui qui tenterait de nuire à la société. La loi possède ainsi le double avantage de conseiller l'esprit et de pourvoir avec activité à ses égaremens. La loi devant être pure de passions, un homme seul ne peut pas lui assurer la perfection ; il faut, pour la produire, qu'un grand nombre d'opinions la purifient par leur conflit, dans une assemblée qui remplit les fonctions d'une profonde intelligence. Les idées de tous les représentans, modifiés l'une par l'autre, forment des pensées réputées exactes, et deviennent cet être moral qui est l'ame de la société.

Ce ne serait pas avoir une fausse idée que de comparer le sénat législatif à une intelligence, les citoyens à des organes sensitifs, la loi a une volonté morale qui anime le corps social ; et de faire du premier magistrat le *logos* de cet être organisé. A force de me pénétrer ainsi de la sainteté de l'ordre social, il me semble avoir trouvé, dans la nature même de l'homme, cette trinité divine que Platon cherchait au ciel, et qu'il adorait sans pouvoir la définir !..

Il est impossible qu'un corps législatif veuille une mauvaise loi ; mais il peut arriver qu'il la fasse imparfaite. C'est pourquoi une loi ne peut être irrévisible que lorsque son excellence la rend telle à paraître parfaite aux critiques de toutes les époques ; sa seule perfection peut donc en assurer la durée. Le droit de proprieté, celui de l'égalité électorale paraîtront sacrés dans tous les temps, et l'on a bien raison de croire que la loi qui les consacre sera une éternelle loi. Elles ont toutes à se perfectionner de même, en restant continuellement soumises au creuset de la législation.

Mais toute loi quoique visiblement imparfaite est sacrée pour le citoyen, puisqu'elle est le résultat d'une convention à laquelle il a participé. Celui qui aurait à s'en plaindre ne peut qu'en solliciter la réforme en exposant ses défectuosités, jusqu'à ce que la majorité en étant convaincue, y apporte des modifications.

Le citoyen qui enfreint la loi, manque à ses propres engagemens ; c'est un faussaire qui a surpris la foi publique ; il tombe sous une condamnation qu'il a portée lui-même par anticipation.

Mais nul ne peut être passible d'une loi qu'il n'a pas consentie par lui ou par ses mandataires, c'est une règle de nature et de raison. Il n'y a d'exception que lorsque nous allons dans les pays étrangers ; nous devons le respect à leurs constitutions.

La France possède dans ses codes des lois d'une grande perfection, mais leur excellence ne saurait empêcher qu'elles ne soient des instrumens de tyrannie, car tout gouvernement qui n'est pas consenti par l'universalité des citoyens est une tyrannie proprement dite, et toute législation non généralement adoptée n'est qu'une force brutale.

Dans une république il y a une égalité parfaite entre les citoyens. Rien pour l'un qui ne soit également pour l'autre, en fait de charges et de droits.

Il n'y a que le talent et la fortune qui puissent donner un air de fausseté à cette opinion. Mais leur influence loin d'être nuisible sert merveilleusement les intérêts généraux. Le génie n'a d'autre ressource que l'estime, sur un théâtre dont la scène est publique, et le jeu à découvert. Son but ne peut être que de la mériter, et la supériorité qu'il pourrait prendre s'émousse devant une instruction générale, car les citoyens ne seront pas des ignorans. Quant à la fortune, ne pouvant être que le produit de l'industrie, elle appelle tous les citoyens dans la carrière. Au reste, ces puissances individuelles ne peuvent jamais égaler celle de l'état, en ce que leur développement est temporaire. L'homme de génie meurt et ne perpétue guère son influence par son lignage.

L'homme de fortune, outre qu'il est borné par la concurrence commerciale, est obligé de mourir aussi, et ses trésors se divisent à ses héritiers.

Ainsi, il ne serait pas plus raisonnable de nier l'égalité des droits dans une république, que de dire que les hommes n'ont pas le même droit à la croissance du corps parce que l'un devient plus grand et l'autre plus petit.

Il y a au contraire inégalité formelle dans les royaumes, parce qu'ils ont des sujets privilégiés, occupant des éminences auxquelles il est défendu à la généralité de prétendre. Le préjugé de la naissance y ayant force de loi, des nobles ont des charges importantes en venant au monde, elles font partie de leur patrimoine. Ces sortes d'états sont d'autant plus à plaindre, que le germe du génie et de l'industrie n'y trouvent aucun intérêt à se développer, et sont d'ordinaire pliés à la corruption. Les seigneurs eux-mêmes ne peuvent être que des tyrans vicieux, attendu que nulle expérience ne leur a appris les droits chemins de la vie et de la supériorité. La république a horreur de semblables abus, elle les repousse et appelle tous ses citoyens à concourir à l'autorité.

Il n'y a d'autre puissance dans la république que la république elle-même, d'autre volonté politique que celle de la loi. Mais pour lui donner une expression facile et un mouvement, les représentans de la nation chargent quelqu'un d'entre eux de pourvoir à son exécution. Ils mettent à sa disposition les moyens matériels nécessaires, et lui donnent un conseil pour le guider dans ses fonctions.

Les titres qu'on donne à ce magistrat suprême sont indifférens à la chose publique; mais il en est qu'une nation sage raiera de ses annales, parce qu'ils rappellent tous les crimes du despotisme et tous les malheurs de l'humanité; ceux de roi, d'empereur, de duc, de monarque sont de ce nombre; ils sont irréconciliables avec les titres sacrés de république et de citoyen.

Les charges appartiennent toutes à la nation. Les magistrats qui les occupent en sont les délégués. Tous les citoyens ont le même droit à y prétendre; les seules capacités sont un motif de préférence, comme offrant un avantage au bien de la communauté. Du reste les charges de l'état ne changent point la condition de l'homme; elles ne le mettent point au dessus de l'égalité civique.

Le premier magistrat de la république ne fait point d'exception à cette loi, en ce que dans son état naturel il n'est pas différent d'un autre, et que dans l'exercice de ses fonctions sa personne n'est qu'une puissance anonime, un être sans volonté, absolument distinct du mécanisme qu'il fait mouvoir, semblable au premier venu dont la main met en mouvement les sons harmonieux d'un orgue qu'une intelligence éloignée trouva le moyen d'organiser, et de rendre d'une exécution facile à celui-là même qui en ignorerait les principaux secrets. Une telle définition ne rabaisse point ses attributs, car il ne saurait avoir d'autre éclat que celui que lui décerne la nation ; et que hors de sa magistrature il est simplement citoyen, seul titre, seule dignité auxquels puisse prétendre l'homme qui n'a point forfait aux lois.

Dans les monarchies, la nation n'étant rien et le prince étant tout, il faut que le souverain représente à la face des autres nations. Mais là où la nation veut représenter on ne parle plus de *l'éclat de la couronne*, *de la majesté du trône* etc.; ces expressions sont condamnées au ridicule, et la nation seule a une splendeur; voilà pourquoi je n'accorde pas des millions au chef de l'état. On appelle honneur, gloire, le sentiment flatteur qui lui revient de l'élection de ses concitoyens; elle le met à même de lever sur eux un tribut d'estime et d'admiration, et d'être heureux plus qu'aucun autre en contribuant à la commune félicité.

Il est impossible que le chef de la république (1) n'ait pas la facilité de répandre autour de lui quelques faveurs, et soit exclus de cette puissance qui appartient au talent; mais il ne saurait pousser loin l'abus du pouvoir, attendu que son élection n'a dépendu que de l'estime qu'il faisait concevoir, et qu'au bout d'un temps il pourrait être révoqué. Il ne serait pas à craindre non plus que ses vertus fussent, comme chez les anciens romains, dangereuses pour la liberté. Si la plupart des républiques furent envahies par des individus ambitieux, c'est qu'elles avaient dans leur sein des classes malheureuses et opprimées qui portaient ces intrigans à leur tête, dans l'espérance d'acquérir leur équilibre social, et pour venger leur destinée.

Les faveurs du prime ne sauraient être dangereuses que lorsque la principauté serait héréditaire dans sa race, et que, ses bontés conti-

(1) En parlant de ce magistrat dans le chapitre V, je me suis servi du terme *prime* ou *primus* : mais il n'appartient ni à moi ni à aucun autre individu de le déterminer; ainsi que la loi, cela regarde la nation ou ses représentans.

nuant à s'étendre sur des personnes et des familles, même après lui, les protégés et le protecteur s'éleveraient peu à peu au-dessus du niveau social, ramenant ainsi la monarchie et la féodalité.

La république ne créera jamais des magistratures héréditaires pour ce motif, bien facile à comprendre, de tendance à la tyrannie (1); et parceque ce serait imposer sa race aux futures générations qui, ayant des besoins différens des nôtres, et plus d'expérience que nous, sont appelées par leur droit naturel à reviser nos décisions, et les approprier à leurs nécessités.

La république n'entretiendra aucune religion à ses frais, car toute religion est un moyen secret de domination dont la nature répugne à la simplicité et à la pureté de la loi qui remplit tous ses besoins. Elle considérera les cultes qui se trouveront dans son sein, comme des passe-temps du vulgaire; la police veillera à ce que des puissances ennemies n'en fassent des sujets de discorde parmi les citoyens, et elles passeront de mode, lorsqu'elles

(1) Dans les monarchies, il est bon que les magistratures qui rendent la justice soient inamovibles, pour former une contre-tyrannie, sans laquelle le juge aurait à redouter l'arbitraire du souverain et ses créatures privilégiées.

ne seront plus payées par le trésor public, et que l'instruction du peuple le mettra hors d'état d'en devenir dupe et de les alimenter.

Dans la république l'instruction sera claire, précise, et en tout conforme aux connaissances des savans. Des instructeurs feront connaître au peuple les lois principales, et l'éclaireront sur les évènemens. Il sera publié aux frais de la république une *Histoire nationale des peuples*, en quarante, en dix, et en deux volumes in-8°; la première indiquant en note les auteurs de tous les pays et de toutes les époques qui en auront fourni les matériaux, et la seconde donnant seulement à connaître les principaux.

On distribuera quatre exemplaires de la grande à chaque chef-lieu de département, deux à chaque arrondissement, et un à tous les cantons, et aux villes ayant mille ames en population. Cet ouvrage sera fond ou partie d'une *Bibliothèque nationale* dans ces différens lieux.

Les départemens recevront quatorze exemplaires de l'édition moyenne et en mettront dix au concours. Les cantons et villes de mille ames en recevront quatre, et en mettront deux au concours. Les communes recevront deux exemplaires de l'édition moyenne et les garderont en communauté. Quant à la petite édition de *l'Histoire nationale des peuples*, les départemens en recevront ving-quatre exemplaires et en mettront vingt au concours. Les arrondissemens en recevront quatorze et en mettront dix au concours. Les cantons en auront huit, et en mettront six au concours; les communes en recevront six et quatre seront mis au concours.

On publiera aussi un *Catéchisme du citoyen*, lui enseignant ses droits, et raisonnant la morale, l'honneur et l'humaine dignité.

En fait de dogmes religieux, le catéchisme du citoyen n'enseignera que l'existence d'une puissance suprême appelée Dieu, probable par l'œuvre organique de l'univers. Il raisonnera des nombreuses qualités dont Dieu a besoin pour créer le monde et le maintenir en ordre, et donnera une idée de sa supériorité et des perfections de son génie.

Il enseignera l'existence de l'ame, probable en ce que la matière ne peut produire la pensée ni être le principe du mouvement, et qu'elle a besoin d'être mue par un esprit constituant sa sensibilité, son raisonnement et sa libre volonté.

Il enseignera aussi la consolante et gracieuse doctrine de l'immortalité de l'ame, sans laquelle la vie de l'homme n'aurait eu ni but ni conséquence ; et le jugement de Dieu après la mort, sans lequel le crime et la vertu manqueraient de compensation, chose qui formerait contradiction avec l'ordre de l'univers, qu'aucune exception ne saurait altérer.

Le catéchisme du citoyen prouvera en peu de mots que toutes les religions ont perverti la pureté de la morale pour en faire des instrumens d'humaines passions, et fera comprendre que les mystères dont ellés se sont environnées n'étaient que des fourberies, et que les miracles qu'elles invoquent en leur faveur sont autant d'injures faites à l'immuable justice de Dieu, qui, d'un œil tranquille et avec une impartialité inaltérable, contemple l'usage que l'homme fait des facultés libres qu'il en a reçues.

Il jettera le ridicule sur cette partie égarée des mortels qui se croient les soutiens du ciel, et leur prouvera que l'on ne peut voir dans leur système que des opérations plus ou moins détournées de l'ambition. Du reste, les spéculations morales de tous genres seront livrées aux libres loisirs des métaphysiciens.

Le culte de Dieu est arbitraire dans la république. Les nobles descriptions de la poésie, ses chants de gloire, ses mélancoliques méditations, pourront emprunter un sujet gracieux à cette pensée. Quand l'artiste imitera les pures beautés de la nature, chaque effort que son génie fera pour se rapprocher de leur perfection me semblera un culte véritable quoiqu'irréfléchi. Les travaux du géologiste, du voyageur, de l'astronome, de l'agriculteur, du physicien, seront des cultes également dignes des grandeurs de Dieu et du caractère d'un citoyen; rendre hommage à Dieu, c'est marcher dans l'ordre qu'il a prescrit à la nature, ordre qui fait tout prospérer, et dont il nous a fait une condition de conservation et de bonheur. L'accord dans les familles, l'amour des jeunes gens, les désirs d'honneur et de gloire, le dévouement à la chose publique, le respect sacré pour la loi que l'on a consentie, sont autant d'hommages rendus au Créateur dans la conformité de ses hautes intentions, et les plus dignes que nous puissions lui offrir.

Les nobles et les prêtres ne me pardonneront pas d'anéantir les préjugés et les superstitions sur lesquels reposent leurs espérances. Pour moi, je ne hais personne, je discute des principes, et chacun de nous peut se mesurer dans la carrière des opinions. Qui d'eux osera me reprocher de préférer le bien de tous à celui d'un seul, et la vérité à toute autre chose; l'honnête politique c'est la justice, et la justice prescrit l'égalité des droits! Je dirai aux premiers : laissez votre orgueil et devenez de bons citoyens; et aux autres, soyez sensés et de bonne foi, et nous marcherons ensemble ; ce que vous appelez l'autre monde est probable, mais ce que personne ne peut nier, c'est que celui qui mérite bien des hommes aura bien mérité de Dieu, car nous ne pouvons avoir l'idée de ce qui plait à notre Créateur que par ce qui nous plait dans nos semblables. Vivre avec ordre en société, c'est donc être assuré des destinées éternelles, quelles qu'elles puissent être, et la perspective de l'homme s'appuie sur la terre pour ce qui a rapport au ciel, et non sur le ciel pour ce qui regarde la terre ; par la maxime contraire, vous avez mis en désordre toute l'humanité.

FIN.

TABLE

DES MATIÈRES.

CHAPITRE IV.

CHAPITRE V.

CHAPITRE VI.

CHAPITRE VII.

FIN DE LA TABLE.

ERRATA.

Page 2, une commerce ; lisez : *un* commerce.

Page 3, absolutismes ; lisez : *absolutistes*.

Page 22, ce fut ce qui arriva ; lisez : *c'est là* ce qui arriva.

www.ingramcontent.com/pod-product-compliance
Ingram Content Group UK Ltd.
Pitfield, Milton Keynes, MK11 3LW, UK
UKHW021055200726
13857UKWH00003B/937